バッチリ身につく
英語の学び方

倉林秀男 Kurabayashi Hideo

★──ちくまプリマー新書

390

イラスト　こおにたびらこ

目次
*
Contents

はじめに……7

パート1　英語の「基礎体力」をつける

第1章　ことばを学ぶ土台づくり

「一輪車に乗りながら両手で皿回し」……12

母語だって身につけるのは実は大変……13

言語活動の「土台」として必要な要素……15

語彙が増えると見える世界が変わる……18

文法の力……19

基本的なことは覚えてしまう……20

定着させるためのステップ……21

多読をすれば英語ができるようになる？……23

第2章　語彙の学び方を身につける

高校卒業までに定着させておくべき

語彙数は？……27

「受容語彙」と「発信語彙」……28

「意図的学習」と「偶発的学習」……29

単語帳を選んでみよう……31

同じ一冊をやり抜くことが大切……35

単語学習の進め方……39

音声ファイルやアプリを活用する……43

辞書活用のススメ……44

語源による学習法のメリット・デメリット……46

苦手な暗記を克服するには……51

やる気を長続きさせるには……53

第3章　文法の学び方を身につける

日本人は文法ばかり勉強しているから

英語ができない？……56

とある少年のエピソード……57

文法知識がないと読めない英文……60

問題演習で基本的な文法を身につける……67

パターンプラクティスで英語の型を叩き込む……69

第4章　音読とリスニング

音読することの効能……72

何を音読すればいいの？……76

音読をすることで何が得られる？……87

始める前の「仕込み」と練習……88

「音読筆写」に挑戦……91

スキマ時間を利用した音読学習……92

英語を聞けるようになりたい……93

聞こえにくい音を理解するにも

文法知識は大事……94

TED を活用した学習……96

子ども向けでやさしい TED-Ed……98

英語の「かたち」を見抜く
トレーニング 8 題……101

パート 2　スピーチの英語を読む

第 5 章　一文ずつ丁寧に読んでみる
「聞いて理解できる」を目指そう……115

Emma Watson:
Gender equality is your issue too……117

第 6 章　文章の流れを意識して読む

おわりに……199

はじめに

　本書は「英語ができるようになりたい」と思いながらも壁にぶつかっている方々に向けて書かれたものです。

　英語を学習する目的は人それぞれです。受験に必要だから成績をアップさせたい、検定試験に合格したいという理由で勉強している人や、英会話を楽しみたい、字幕に頼らず映画を鑑賞したいという目標を持って勉強している人もいるでしょう。

　いずれの目的にせよ、「ちょっとでも楽な方法で英語を学習してできるようになりたい」と願っている方も少なくないのではないでしょうか。「暗記はつらいので、別の方法で単語を覚えたい」という方に出会ったこともあります。

　最初に申し上げます。残念ながら、英語の学習は「地味」で「地道」な努力を「長期間」続けていかなければなりません。日々の学習の積み重ね以外、英語力を向上させる方法はありません。

　英語の学習は「できなかったことができるようになる」、「わからなかったことがわかった」、「目標が達成できた」という体験が積み重なることで少しずつ進んでいきます。

部活動に入っている、または習い事を続けている皆さんは、毎日、練習に励んでいるかと思います。試合に勝って喜びをチームのメンバーと分かち合うために、または、発表会で努力の成果を披露するために、地道にトレーニングを続けているはずです。しかし、やみくもに練習するのでは成果を期待することができません。運動部の場合は、走り込みや筋力トレーニングによって体力をつけながら、練習を重ねて技術を磨いていくように、きちんとした方法に従ってトレーニングを重ねなければならないでしょう。楽器を演奏するにも、譜面の読み方や指の運び方など基礎をきちんと習得しなければなりません。英語学習もそれと同じです。

　しかしそうは言っても、どういった方針で、どのように学習を重ねていけばいいのか、英語の勉強に慣れていない人にとってはわかりづらいものです。書店に行けば参考書が山ほど並んでいますが、内容もレベルもさまざまで、どこから手を出せばいいものか迷ってしまいます。そこで本書では、すこしでも皆さんの学習の指針となるようなヒントを示していきます。その中で、「この方法ならできるかも」と思えたものを実際にやってみましょう。

　パート1では英語の「基礎体力」を身につける方法について解説していきます。ことばを学ぶうえでの「土台」づくりに始まり、「語彙」や「文法」、「音読」

といった個々の学習の目的、重要性をみなさんに把握していただいたうえで、効果的な学習の進め方を紹介します。

　パート2では女優のエマ・ワトソンさんが2014年に国連本部で発表したスピーチを通じて、よりまとまった量の英語に触れてみましょう。文章の一つひとつの文の意味を理解し、繰り返し音読し、聞き返し、最終的には「聞いて理解できる」ようになることを目指します。また、同時に「ジェンダー平等」について若いみなさんに考えてもらいたいと思っています。英語学習を通じて、世界的な話題に視野を拡げることも大切なことです。

　本書がみなさんの英語学習の一助となることを願っています。

パート1

英語の「基礎体力」をつける

第1章　ことばを学ぶ土台づくり

「一輪車に乗りながら両手で皿回し」

　私たちは毎日「ことば」を使って生活しています。朝起きて、家族に「おはよう」と言い、テレビの天気予報でその日の天気をチェックしたり、スマホでSNSを見て「いいね」を押したり、今の気分を投稿したり、友だちからのLINEのメッセージを読んで、返信しています。学校に行けば、友だちと話をしたり、授業を受けたりしています。もちろん、一人でいるときも頭の中でいろんなことを考えています。こうした活動に「ことば」は欠かせません。そうです、「ことば」は私たちが生きていく上では絶対に必要なものなのです。

　私たちはどのように「ことば」と関わって生活しているのでしょうか。学校の授業を例に考えてみましょう。

　みなさんは、授業中、先生の話を<u>聞き</u>、教科書を<u>読み</u>、大切なところには線を引き、黒板に書かれた文字や先生が話した大切なところをノートに書きます。グループで<u>話し</u>合い、先生の質問に<u>答え</u>ます。さらに、教科書の本文を<u>音読</u>することもあるでしょう。テストでは、問題文を<u>読んで</u>、考え、正解を<u>書く</u>ことをしま

す。ときには周りの友人と<u>おしゃべり</u>をしたり、手紙を<u>書いて</u>回したりしています（いまどきはこっそりスマホで連絡を取っているかもしれませんね。褒められたものではないかもしれませんが）。

このように、私たちは特に意識をすることなく、耳も、手も、目も、口も同時に使いながら言語活動をしています。たとえて言うならば、「一輪車に乗りながら両手で皿回しをしている」感じです。とっても大変なことで、かなりの練習が必要になりますよね。

しかし、一輪車も、何度も練習して乗れるようになりさえすれば「どのように乗るのか」や「バランスをどうやって取ればいいのか」ということを考えずに、「自然に」できるようになります。最初は時間がかかるのですが、いったん乗れるようになり、それが「身体化」してしまえば、苦労せずに乗れるわけです。

母語だって身につけるのは実は大変

みなさんの中には、「ことばを使うのは簡単だよ。わざわざ習わなくてもできるようになったんだから」と思う人もいるかもしれません。ですが、母語ではなく、外国語で同じことができるでしょうか。英語で授業を聞きながら大切なところをメモしたり、先生の質問に答えたり、グループディスカッションをしたり、レポートを書いたりという、これまでできていて「簡単だと思っていた」ことが、突然難しくなります。普

段から外国語に触れる機会がない人たちが、その外国語を使えるようになるには、それ相応の努力と経験、時間が必要なのです。

　日本語の場合は、ほとんどの人は生まれてから今日に至るまで、毎日言語に接してきました。学校の授業だけではなく、家ではテレビを見たり、マンガや小説を読んだり、家族や友達と話したり、スマホでコミュニケーションを取りながら日本語に触れてきたのです。

　さらに、漢字を読んだり、書けるようになるまでには、ドリルで学習をしたり、学校の漢字テストのために練習をしたり、間違えたところは何度も書くことで覚えてきました。ほかにも教科書の音読、作文などの課題を通じて、文字を読んだり書いたりしていくうちに、徐々に漢字の意味がわかり、読めるようになり、さらには書けるようになっていったはずです。

　それでも、長年日本語に接しているにもかかわらず読めなかったり、書けなかったり、意味がわからない漢字や言い回しがありますよね。また、作文を書いていても、自分の頭の中で考えていることを上手に表現できないと感じることがあります。このように、毎日触れている日本語であっても様々な場面で困難に直面しますので、外国語ができるようになることはとっても大変なことなのです。

言語活動の「土台」として必要な要素

　そして、英語学習がうまくいき、テストでも良い点が取れるようになり、ちょっとはできるようになったと思っても、自分よりも遥かに英語ができる「達人」に出会い、自分の力のなさにショックを受けることもあるでしょう。自分の頭の中にある「言いたいこと」を 10 とすると、英語で言えるのはそのうちの 3 とか 4 ぐらいで、「言えないことが多くてモヤモヤする」という気持ちになったことがあるかもしれません。

　なぜ、「言いたいこと」が英語で言えないのでしょうか。学校教育のせいでしょうか？　学校の英語の授業で、重箱の隅をつつくような文法を取り上げているからでしょうか？　会話の授業が少ないからでしょうか？

　違います。ここではっきり申し上げておきますが、学校の英語の授業で学ぶことは全部大切なのです。学校で学んだことをきちんと吸収することで、英語を使う「土台」が強靱なものとなるのです。スポーツに例えるなら、学校の授業は「足腰を鍛える」ために重要なものだということです。

　私が英語学習をはじめてまだ数年しか経っていない中学 2 年生の頃でした。ALT（Assistant Language Teacher）の先生と会話をするとき、自分の思っていることをいきなり英語で言うことができないので、自分の順番が回ってくるまでに、何をどうやって言えばいいか

あれこれ考えて、頭の中で何を言うかまとめてから、話をしたことを今でもはっきり覚えています。

そのとき、頭の中にある「言いたいこと」を英語に直すために、言いたいことに近い意味を持つ「単語」を確認し、それを英語の「語順」に並べ替え、声に出さずに何度も頭の中で英文を繰り返し唱えてから、先生に話をしました。いまでも、ちょっと英語で難しいことを言おうとしたときに、同じように、頭の中にある単語のストックから選び出し、英語の語順にしてから話すことがあります。

私は、常に頭の中で英語を話す場合は「単語」と「文法・語順」の知識をフルに活用しているのです。もちろん、英語を聞いたり読んだりする場合も同じです。「単語」と「文法・語順」の知識が絶対に必要なのです。

さらに、ただ単に単語を知っていてもだめです。相手が「話していること」をきちんと聞いて理解しなければなりません。つまり、「どのように発音されるのか」という音に関する知識も必要なのです。もちろん、「文字」に関する知識も必要です。

ことばを聞いたり、読んだり、書いたり、話したりすることを「言語活動」と呼びます。この言語活動を成り立たせるためには強靭な土台が必要となります。それが「語彙（発音・綴り・意味)」と「文法・語順」に関する知識です。単語や文法に不安があると、言語

活動がうまくいきません。ですので、言葉の学習とは、地道に土台を積み上げていくことなのです。

語彙が増えると見える世界が変わる

そこで、「言語活動」を行うためにも、強靭な土台を作り上げていくトレーニングをしていかなければなりません。この土台のひとつである「語彙」について、言語学者の金田一秀穂先生は次のように語っています。

語彙は、デジカメに例えるなら画素数です。語彙が豊富であれば、世の中の出来事をより正確に、鮮明にとらえることができます。(『日経 Kids ＋』、2009年1月号、53ページ)

金田一先生の話は外国語学習にも当てはまります。語彙数が増えれば増えるだけ、情報を的確に得ることができるだけではなく、伝えられる情報の精度が高まっていきます。やはり、外国語学習をする上で避けて通ることができないのが、語彙を増やしていくことなのです。

そこで、**語彙数が多ければ多いほど、見える世界が変わってくる**ということをイメージしながら、語彙の学習をしていきましょう。難易度の高い語をたくさん覚えるということも必要かもしれませんが、まずは、

比較的多く目にする単語をしっかり定着させていくことが重要になります。

文法の力

ここで問題です。次の文の意味を考えてみてください。

The old man told the story cried.

どうでしょうか。すべての単語の意味はわかりますよね。The old man が「その老人」、told は「話した」、the story は「その物語」、cried は「泣いた」という意味だということで、「「その老人」は「その物語」を「話した」そして「泣いた」」というような日本語を作り上げてしまった人、いませんか？

The old man told the story まで読んで「老人がその物語を話した」と考えていると、いきなり cried という動詞が出てきて、「あれ？」ということになりますね。そのときは一度 told まで戻って考え直してみます。動詞の told には「過去形」と「過去分詞形」が同じ形をしているので、最初は「過去形」で読んでみたわけです。ですが、「なんかちがう」と思ったときに、told の「過去分詞」としての働きを考えてみるのです。

そうすると、told が過去分詞の形容詞的用法として

the old man を修飾していることに気がつきます。つまり、The old man（[who was] told the story）cried.「その物語を聞かされた老人は泣いた」という意味になるのです。つまり、この英文解釈で学べることは「動詞の過去形と過去分詞形が同じ形をしているときは、過去形なのか、それとも過去分詞形なのかを意識する」ということなのです。

　この文は「単語は知っているけれど、文法がわからないと意味がつかめない」ということを教えてくれます。つまり、「文法」という土台がしっかりできていないと、言語活動が揺らいでしまうのです。

　文法学習は「理屈」中心で、退屈なように思われるからかもしれませんが、ルールをきちんと理解していれば、話したり、聞いたり、書いたり、読んだりすることに「適応」させることができます。文法の理解が、その後の言語活動に大きな武器になるのです。

基本的なことは覚えてしまう

　このとき、基本的な単語や文法は理解した上で丸暗記することになるはずです。

　英語を教えている人たちの中にも「丸暗記」を否定している人もいます。ですが、ここではっきり申し上げます。基本的なことはすべて覚えてしまう。これは、英語学習の初期段階では絶対に必要なのです。

　覚えるのが得意ではないという人もいると思います

が、みなさんが漢字を読んだり、書いたりできるようになったことを思い出してください。小学校、中学校の頃に漢字ドリルや漢字テストを繰り返し解いてきたことが大きく貢献しています。ちゃんとした学習法に従っていけば、大抵のことは覚えることができ、さらに活用することができるようになるのです。

定着させるためのステップ

外国語の学習理論や第二言語習得理論に、「インプット（input）」「インテイク（intake）」「アウトプット（output）」という言葉があります。これらの分野では、言語学、脳科学、認知心理学の知見を活用して、私たちが外国語や第二言語を習得するプロセスが研究されています。ここでは、私たちに理解しやすいポイントだけをおさえて説明していきます。

第二言語習得理論の権威でもあるスティーブン・クラッシェン博士はその研究の中で、言語習得に関して5つの仮説を示しました。その中の1つに「インプット仮説」があります。この「インプット仮説」を一言でまとめると、学習者に現時点でのレベルより「ちょっとだけ難易度をあげたもの」を与える（インプットする）ことで、学習者の言語習得が高まるという仮説です。易しすぎたり、難しすぎたりすると学習効果が期待できないというものです。

さらに、「インテイク」についても多くの研究がな

されるようになりました。応用言語学者のロッド・エリス博士は、「インテイク」とは学んだことが「定着」することや「内在化」されることであると指摘しています。

　私たちは新しい情報を「インプット」しただけでは、どんどん忘れていきます。インテイクされた情報はアウトプット（出力）して、誤りに気づいて修正をし、新たな情報と結びつけて整理し、統合していくことで「血肉化」されていきます。問題を解いて解説を読んで答え合わせをして、正解、不正解に一喜一憂して、それでおしまいにするのでは学習の成果が期待できません。しっかり「定着」させるためのステップを踏まなければならないのです。

　学校の授業ではインプットされた情報をもとに、理解を深め（インテイク）、様々な言語活動に挑戦（アウトプット）します。こうして「血肉化」することが授業で行われているので、能動的に授業に参加すれば英語力はつくはずです。

　しかし、授業で学習しただけでは、時間が経てば忘れてしまいます。そのために、家庭学習の時間が重要になってくるのです。授業で学んだことに関して、練習問題を解き、できなかったところは参考書や辞書で確認したり、教科書の英文を読み、意味を確認したり音読をするなどの復習をしましょう。そうすることで学習した内容が、頭の中で整理されていき、強靭な

「土台」となっていくのです。

　その次に、予習をしっかりしておきましょう。予習をすることで、自分なりの疑問点を明確にでき、授業に積極的に参加できるようになります。授業で先生の説明を聞き、疑問が解消したときに、「あ、なるほど、そういうことだったのか」と納得することで記憶に定着します。それでもわからなかったり、さらなる疑問が生じた場合は、必ず先生に質問しましょう。そのときには「この部分を、このように考えたけれど、しっくりこない」というように、論点を明確にして質問すれば、自分が知りたいことを丁寧に先生が説明してくれるはずです。

多読をすれば英語ができるようになる？

　英語の力をつけるために「英語をたくさん聞いていればいい」とか「英語で書かれた本をたくさん読めばいい」というアドバイスがあります。たしかに、たくさん聞いたり、たくさん読んだりすることで英語力は高まっていきます。

　しかし、よく考えてみてください。今日から初めてスペイン語を勉強することにします。そのときに大量のスペイン語を聞いていればやがて、聞けるようになるでしょうか？　スペイン語で書かれた文章を大量に読めば、読めるようになるでしょうか？　そんなはずはありません。基本となる「文字」「発音」「単語の意

味」「文法」をそれぞれ少しずつ頭に入れながら、徐々に聞いたり、読んだり、話したり、書いたりすることができるようになるのではないでしょうか。

　このことについて、かつて駿台予備学校の英語科主任を務められた高橋善昭先生は『英文読解講座』（研究社）で次のように述べています。

　　世間には、「多読・速読をすれば英文は読めるようになる」という主張がまかり通っているが、これは逆立ちした議論で、歩行もできない幼児にランニングやマラソンをさせれば歩けるようになるという主張に等しい。多読・速読は英文の読み方の基本を身につけた者のみが挑戦し得る方法なのである。
（ivページ）

　かなり過激な発言に思われるかもしれませんが、読み方がわからない段階では多読・速読に挑戦するのはもう少し待ったほうがよいということです。実際、多読をしながら読解に関する英語力を上げていこうとすると、知らない語が出てきたら辞書を調べ、文法を頼りに形と意味を確認して学習を続けなければなりません。知らない単語ばかりで読むことができないという本を選んでしまって、しょっちゅう辞書を調べてばかりで先になかなか進まず、嫌になって投げ出してしまうということもあります。ですので、多読に関して

は、学校の教科書がきちんと読めるぐらいの語彙力が付いてきた段階で自分の実力に応じた英文に挑戦するのがよいでしょう。

　ある程度、教科書が読めるようになったところで、学習者のレベルに合わせて単語の難易や文法項目が調整されて作られている Graded Readers を利用することをおすすめします。学校の図書館に置かれていることが多いので、目にしたことがある人も多いかもしれません。

　のちの章で詳しく触れますが、Graded Readers は映画や小説、有名人の伝記、ノンフィクションなどさまざまなテーマで展開されていますので、自分の好きなジャンルを集中して読むことで英語学習のモチベーションが高まります。また、馴染みのある内容を英語で読むことによって、読む速度が上がるという効果も期待できます。頑張って1冊、読み通したときの嬉しさを味わうこともできるはずです。こうした喜びは、英語学習を継続していくための原動力にもなっていきます。

　これは、先に触れたクラッシェン博士の「情意フィルター仮説」が証明してくれます。学習者のモチベーションが低いと学習はうまくいきません。学習に対する壁が高くなるので、これを「情意フィルターが高くなる」と言います。反対にモチベーションが高ければ、学習に対する壁が低くなり、すなわち「情意フィ

ルターが低くなり」学習が継続するのです。モチベーションを維持するためにも、Graded Readers を使った多読は「自分のレベル」に合わせるだけではなく、自分の好きなジャンルやトピックスを選んで始めましょう。そして読むことに慣れてきたところで「ちょっとだけ難しいもの」に挑戦してみましょう。

第2章　語彙の学び方を身につける

高校卒業までに定着させておくべき語彙数は？

　兎にも角にも単語を知らなければどうにもなりません。ですので、高校を卒業するまでには最低でも3,000語は身につけておきたいところです。大抵の大学入試用の単語帳の語彙数が2,000〜3,000語ぐらいですので、単語帳1冊しっかり覚えてしまうのもよいでしょう。

　チェコ語、ロシア語、英語、ドイツ語、さらには複数の古典語にまで造詣が深い言語学者の千野栄一先生は、著書『外国語上達法』（岩波新書）において、言語学習の「入門」レベルとして、**よく使われる語1,000語**を徹底的に覚える必要があると述べています。そして、「小説や詩を楽しみ、会話もでき、その言語で手紙も論文も書けるというようになるには最低四〜五千の語が必要になり、その学習には三〜四年は必要である」（54ページ）と示しています。

　ということで、まずは基本的な語彙1,000語をしっかりマスターしましょう。この基本的な1,000語は中学校で学習する単語が頭に入っていれば問題ありません。文部科学省は、教科の目標や、教えるべき内容・項目を学習指導要領にまとめて示しています。

この学習指導要領の「外国語編」には、中学校で1,600〜1,800語、高校で1,800語〜2,500語程度の単語を学習すると書かれています。そうすると、中学校と高校の英語の授業を合わせて学習する単語は3,400〜4,300語程度になるので、千野先生の示した「最低四〜五千の語」を学校の授業でおおよそ学ぶことができるのです。つまり、学校の授業で学んだ語彙をいつでも使えるようにしておくことを目標にしましょう。

「受容語彙」と「発信語彙」

　1,000語の単語を「知っている」とは一体どのような状況でしょうか。

　みなさんが学習をして頭の中に入っている単語は「受容語彙（passive vocabulary）」と「発信語彙（active vocabulary）」のふたつに分けて考えることができます。読んだり、聞いたりしたときに意味がわかる語彙を「受容語彙」と呼び、相手にメッセージを伝達する際に、適切な形に直して書いたり、発したりできる語彙を「発信語彙」と言います。いわゆる、単語を「知っている」場合は「受容語彙」として、単語が「使える」場合は「発信語彙」の能力があると考えます。

　たくさん単語を覚えて「受容語彙」を増やしつつ、様々な言語活動を通じて「発信語彙」に変え、自由に使える表現を増やしていくのが語彙学習の目標でもあります。そこで、まずは「受容語彙」を増やしていく

ことを第一ステップとするのがよいでしょう。そして、ALTの先生との会話や、授業で行われるペア・ワークなどを通じて知っている語彙を使って英語を話したり書いたりして「発信語彙」も増やしていきましょう。話す相手がいないという人は、学んだ単語を使って日記を書いたり、SNSに投稿するなど、英語を「使う」場面を作り出すことができるはずです。そして、和文英訳練習や自由英作文の練習なども、英語を「使う」ためのよいトレーニングになります。こうした学習を繰り返していくと、「あ、こんなときは、こんな表現を使うのだな」と思った瞬間にスーッとその表現が体のなかに入ってきます。

「意図的学習」と「偶発的学習」

　単語を学習して、記憶に定着させていく代表的な学習スタイルには、「意図的学習」と「偶発的学習」のふたつがあります。

　語彙の「意図的学習」は単語帳による勉強など、語彙習得を目的とした学習を指します。語彙の「偶発的学習」はリスニングやリーディングをしている途中で出てきた語彙を「ついで」に学習するものです。どちらの学習がよいかということではなく、様々な場面で語彙学習をしていくことが大切なのです。

　リスニングやリーディングを学習しながら単語を習得していく「偶発的学習」だけでは、たくさんの表現

をインプットしなければなりません。ですので、同時に単語帳を使いながら「意図的学習」を進め、ある程度の語彙数を獲得していく必要があります。知っている語彙が多くなればなるほど、読んで理解できる英文も多くなり、読解力向上の助けになっていきます。

みなさんが中学生や高校生であれば、教科書に出てきた単語は、全て覚えてしまうぐらいの意気込みを持ってください。教科書に出てくる単語は比較的頻度の高い重要な語彙ですので、これらを徹底的に頭の中に入れていつでも使えるようにしましょう。

最低限、覚えなければならないことは「綴り字」「発音」「意味（品詞や活用、派生語を含む）」の3点です。「読んでわかる」「聞いてわかる」ために単語を学習するように心がけてください。高校生でも、中学で学んだ内容が曖昧なままだったりする人もいますので、必要に応じて学習内容を確認し、抜けているところを補っておくようにしましょう。

「単語はこうやって覚えなければならない」という決まった方法や法則はありません。しかし、その中でもオーソドックスな方法として、学んだ単語や表現をノートに書いて、声に出して、意味を確認して、最後に自分でチェックテストをするというものがあります。できなかったところは何度も繰り返しノートに練習し、翌日にはもう一度同じ範囲でチェックテストをして定着できているか確認します。できていなかった

ら再びノートに書いて練習するという、地味で面倒な方法です。

ですが、単語を一瞬で覚えられる魔法や秘術は存在しませんので、こうした地道な方法を着実にこなしていくということが重要だと、少なくとも私は思っています。もちろん、自分のやりやすい方法があれば、その方法で覚えていくのが一番です。とにかく、綴り字、発音、意味（品詞を含む）をセットで覚えてください。

学校の英語の授業では、「偶発的学習」（本文中に出てきた単語を、本文を学ぶついでに覚える学習）と「意図的学習」（単語を覚えるためだけの学習）をブレンドした学習法がよいでしょう。

学校の授業以外にも、市販の単語帳を使って学習する方法があります。単語帳を使うことによって、集中的に「意図的学習」が可能となり、短い期間で相当量の単語に出会うことができます。それについては次のセクションでお伝えします。

単語帳を選んでみよう

市販の単語帳や学校で指定された単語帳を使って学習した経験がある人は少なくないはずです。しかし、使ったけれど途中でやめてしまった人や、単語帳選びに悩んでいる方もいるかもしれません。そこで、書店に並んでいる単語帳の特徴をタイプ別にまとめてみま

す。以下に挙げる単語帳は、大学入試に備える高校生向けのものです。学習者の目標やレベルに応じて編纂されています。

●列挙型

ひとつの単語に対して、発音記号、代表的な意味、派生語が示されています。覚えるべき単語が列挙されているタイプです。代表的な意味で使われている語を用いた表現や文が付記されています。

『英単語ターゲット 1900』（旺文社）

『夢をかなえる英単語 新ユメタン』（アルク）

『ランク順 入試英単語2300』（学研）

『鉄緑会東大英単語熟語 鉄壁』（KADOKAWA）

『必携英単語 LEAP』（数研出版）など。

●コロケーション型

単語1語を示すのではなく「意味のかたまり（コロケーション）」で提示されているタイプのものです。

『システム英単語』（駿台文庫）

『英単語ピーナツほどおいしいものはない』（南雲堂）など。

●例文型

ひとつの文が提示され、その文中に含まれている単語を覚えていくタイプのもの。「コロケーション型」

と似ていますが、コロケーション型は2〜5語程度の「意味のかたまり」で示されているのにたいして、こちらは10語程度で構成された「ひとつの文」になっています。

『DUO 3.0』（アイシーピー）

『ALL IN ONE』（Linkage Club）など。

●文章型

　ある一定の長さを持った文章やダイアログ（会話文）とその訳が示され、重要単語は色付けされています。文章は特定のテーマについて書かれていますので、文脈を利用しながら関連する語を覚えていくことができます。

『速読英単語』（Z会）など。

●語源型

　語源ごとに整理されたタイプ。ある程度の語彙力をつけてから語源を理解すると、記憶に定着しやすいだけではなく、語彙を整理しながら増やせます。

『英単語の語源図鑑』（かんき出版）

『システム英単語 Premium（語源編）』（駿台文庫）など。

●ハイブリッド型

　単語の意味が英語で説明されているため、英語でのニュアンスを掴むことができます。理解を助けるため

の日本語でしっかり定着させることができるものです。『英語を英語で理解する　英英英単語』（ジャパンタイムズ）など。

　英検や TOEIC、TOEFL、IELTS といった検定試験を念頭に語彙力を増やしていきたいという人は、試験のタイプごとに使われる語彙が異なっていますので、それぞれの試験に対応した単語帳を利用するのもよいでしょう。

　中学英語から復習を始め、基礎から英語をしっかりとやりたいと思っている人は、背伸びせずに、土台の確認をしましょう。たとえば「列挙型」でどんどん覚えていく、『必携英単語 LEAP Basic』（数研出版）や「コロケーション型」で挙げた単語集は 1 回で複数の単語を覚えていくことができますし、『システム英単語 Basic』（駿台文庫）などは、中学レベルからの語彙を確認していくことができます。

　こうした基礎的な単語帳を使う場合は、英語を見て意味がわかる、日本語を見て英語が言えるようにしておきましょう。易しめの単語をたくさん「発信語彙」として定着させられるようにすることで、比較的簡単な語彙を用いてさまざまなことを表現することができるようになります。「この単語帳は易しすぎる」と感じる場合は「英語から日本語に直す」のではなく「日本語から英語に直す」練習をしてみましょう。意外と

簡単ではないことに気がつきます。

同じ一冊をやり抜くことが大切

たとえば「列挙型」の単語帳でも、覚えやすいように語源や関連する語、覚え方などが書かれていたりすることもあります。実際に中を見て、自分がどのようなタイプの単語帳を使って学びたいのかを決めてください。

どの単語帳を選ぶにしても、途中までやって、「この単語帳は自分に合っていない。それよりも友だちが使っている方がやりやすそう」とか、書店やSNSで新しい単語の本を見かけて、「なんかこのほうがいいかも」など迷いが生じたりしても、自分で選んだものを最後までやり通すのが肝心です。

新しい単語帳を手にした瞬間は「これなら私もできるようになる」と思い、学習を進めていきます。最初のうちはモチベーションも高く、やり続けているとなんだか自分ができるようになった感じもしてきます。しかしながら、だんだん知らない単語が多くなり、覚えることもつらくなり、「やっぱりこのやり方ではだめなのだろうか?」と疑問に思いながら、他の本に手を出してしまいます。不思議なことに、新たに手にした単語帳は今までの単語帳と違って「これなら私もできるようになる」と思わせてくれます。そして、モチベーションが高いので学習を進めていくことができま

す。

　しかしながら、徐々に知らない単語がでてきて覚えることが辛くなってきます。そして他の単語帳に……。あれ、この流れ、記憶にありますよね。そうです、最初の単語帳と同じ挫折をしているのです。挫折をするたびに別の単語帳に手を出しても同じことが繰り返されるだけなのです。

　語学学習は最初のうちは易しいので、右肩上がりにどんどんとできるようになっていく（やればやったぶんだけできるようになる）のです。しかし、ある程度のレベルに達すると、その伸びは右肩上がりではなくゆっくりとした、ややもするとほとんど伸びていないのではと思われるような上がり方になります。ちょうど「このやり方ではだめなのだろうか？」と疑問を持った瞬間が、右肩上がりから徐々にゆっくりした伸びに変わるようなタイミングなのです。ここで新しい単語帳に切り替えたら、また最初に戻って右肩上がりから緩やかな伸びのタイミングで挫折をしてしまいます。この緩やかな伸びのゾーンに入ってきた──すなわち「このやり方ではだめなのだろうか？」という疑念が生じ、新しい単語帳が目に入ってきたところでそちらにいくのではなく、「そのまま継続する」ようにしましょう。いや、そのまま継続するしかありません。

　この点について、超ベストセラーになった、読書猿さんの『独学大全』（ダイヤモンド社）には、学習が行

き詰まったときに立ち現れた「壁」をどのように越えるかということについて次のように書かれています。

　　越える方法は一つしかない。続けることだ。よほど理由がないかぎり、やり方も投下する時間も変えない方がいい。あせって学習時間を増やしても、一時的ならともかく長続きしない。やり方を変えると、そっちの方面で初心者効果が得られて気持ちいいものだから、学習法を取っ替え引っ替えする誘惑には抵抗しにくいものだが、問題の根本的解決になってないのはわかるだろう。（135-136ページ）

　つまり、壁にぶつかったときに、その壁を乗り越える唯一の方法は「続ける」ことだけなのです。したがって、単語帳も行き詰まったところがあなたの前に壁が現れたサインなのです。そこから少し学習の成果は現れにくくなるけれど、このまま継続していけば伸びていくから大丈夫だ、と思って進めてください。ですので「同じ1冊の本を最後までやり抜く」ことが大切なのです。

　自分が迷ったり、苦しくなってきたときほど、隣の芝生が青く見えてきます。そこで新しいものに飛びついてしまうと、全てが中途半端になってしまいます。単語学習は地道に、着実に、諦めず、最後まで頑張りましょう。そのためにも、手にとった時に質感が良い

もの、色合いといった「好み」で選ぶことも大切です。

単語学習の進め方

ここでは、比較的学習しやすい「コロケーション型」の単語帳を使った学習法を示していきます。

「意味のかたまり」で効率よく覚えながら、高校終了レベルまで到達できる単語帳に、清水かつぞー著『英単語ピーナツほどおいしいものはない』（南雲堂）があります（略称『ピー単』）。元 Google の副社長、村上憲郎氏の『村上式シンプル英語勉強法』（ダイヤモンド社）でも紹介されている単語帳ですので、ご存じの方もいらっしゃるかもしれません。もちろん、『ピー単』だけが優れた単語帳というわけではありません。他にも数多くの工夫をこらした単語帳が出版されていますので自分に合うものを見つけてください。

『ピー単』は中学生レベルの単語で構成された Junior や Basic と、高校生以上に焦点を当てた金、銀、銅メダルコースの 3 つのレベル、あわせて 5 つのレベルに分かれていますので、書店で確かめて自分のレベルに応じたものを選びましょう。中学卒業程度の語学力がある方であれば、銅メダルコースから始めてもよいでしょう。

『ピー単』は、1 ページに問題文として 10 個の日本語による問題文と、その下に一部を伏せ字にしたヒントが書かれています。そして左側に「お助けリスト」

として ABC 順にこのページで出題されている単語が掲載されています。

    1　語学の才能　←問題文
       lin.....ic ta...t　　←ヒント

　学習を始める前に、学習用のノート、スマートフォンを準備しておきます。スマホアプリのストップウォッチ機能で、毎回どれだけ時間がかかるのか計測します。準備ができたら始めましょう。

　ヒントを頼りにしながら、日本語を見て、対応する英語を声に出し、綴りを意識しながら、ノートに書き込んでいきましょう。たとえば、「語学の才能」をいきなり英語にできなかったら、ヒントの lin.....ic ta...t を参考にしながら、答えを声にだします。答えは lin-guistic talent です。

　正解できなかったり、綴りは書けるけれど読み方に自信がないものについては、チェックしておいて、ノートに何度も練習をしたり、付属の音声ファイルを聞いて、発音を必ず確認しておいてください。これをしないと、せっかくの学習が無駄になってしまいます。ヒントを利用してもわからなかった問題は、チェック欄にマークをしておき、同じページのリスト（答え）から該当する単語を探し出してノートに書いておきましょう。

1回目の学習で「全然できない」となっても大丈夫です。もし不安があるようでしたら、1日目は音声ファイルを利用したり、答えを見ながら、何度か書いて練習してみましょう。そして、2日目にヒントを頼りに学習をし、3日目にも同じ範囲で学習をしてみましょう。

　『ピー単』の場合は1回の学習範囲が100問ですので、そこまで終えたところで、所要時間を記入することになります。答え合わせをして、正解したところにはチェックを入れ、正答数を書き込みましょう。仕上げに、音声を聞いて綴りと音、意味をまとめて確認します。それが終わったら、最初に戻り、文字に書くのではなく、答えを声に出してみましょう。

　翌日は時間を計測しながら、同じ範囲をやります。数日間、同じ範囲で繰り返していくと、所要時間も短くなり、正答数も上がってくるはずです。このように自分の学習を記録することによって、その成果が目に見えてくるのです。「がんばればできるようになる」という実感が翌日の学習への原動力となります。英語の学習を継続させるには、この原動力が大いに必要になってくるのです。

　たとえば『ピー単』の「銀メダルコース」の単語に、fierce opposition（強烈な反対）という表現が出てきます。fierce opposition なんて知らない、という人もいるかも知れませんが、最近では、オーストラリア放

送協会（Australian Broadcasting Corporation）が配信した
ニュースにも出てきました。

The Democrats will face fierce opposition to win the
Georgia run-offs.
「民主党はジョージア州の決戦投票に勝つために激し
い反対に直面するだろう」
（ABC News, *"Stacey Abrams is hoping to turn Georgia blue for
Joe Biden. Now she's gunning for Democrat control of the Sen-
ate"*, 2020/11/09）

　このように、fierce opposition が出てくるのです。そ
うすると、「あ、この単語わかる！」という瞬間が訪
れます。この瞬間、その単語や表現は体の中にすうー
っと入っていき、確実に記憶されていきます。したが
って、単語を覚えるだけではなく、英語を読んだり、
聞いたりインプットをする中でも、学習が促進されて
いくのです。
　学習したことのある単語や表現が実際の英文の中に
出てくると、英文の意味もわかり、努力が報われたと
思い、嬉しくなります。単語は覚えれば覚えただけ、
強固な土台となっていくのです。こうした経験を積み
上げていきましょう。
　1日100語を学習するのがしんどいという方は、自
分だったら絶対に覚えられるだろうという語数を決め

て学習しましょう。10語でも構いません。**とにかく決めた語数を毎日やることが大切です**。同じ範囲で反復学習を行うことで単語がしっかり頭の中に残るようになります。

音声ファイルやアプリを活用する

　単語の学習は、最終的に「聞いてわかる」「読んでわかる」、自分のいいたいことが「書ける」「話せる」ようになるための強靭な土台を作るために行うものです。ですので、なるべく単語を学習する際には、「音声」と「意味」と「綴り」はセットでインプットしていきましょう。

　そのためにも、単語帳に付随している音声ファイルや、スマホアプリは積極的に活用しましょう。単語帳の中には、スマホのアプリと連動して学習が効率的に行えるものもあります。スマホアプリであれば、電車やバスの中、風呂に入っているときにもいつでも使うことができるので、「スキマ時間」を活用した学びができます。毎日 SNS やネットでスマホを活用していると思いますが、その時間の一部を勉強に「置き換える」ことで、単語が覚えられます。

　単語帳には書籍での学習に加え、スマートフォンのアプリで学習ができるものもあります。リズムに合わせて単語が読み上げられたり、わかっている、知っている単語をチェックしていき、知らない単語を抽出し

てくれたり、問題を解いて、その後に間違えた語を復習できるものなど、本を使った学習ではなかなかできないようなことが効率的にできるように設計されています。

　たとえば、『キクタン』シリーズのアプリ版は、リズムに合わせて単語と意味が読み上げられるチャンツや、ドリル形式のクイズで正解・不正解が瞬時に出てきます。そして、不正解の単語は一通り単元が終わったところで復習することができます。クロスワードゲームで学習した単語を復習することもできるなど、冊子形式の単語帳ではなかなかできないことがアプリひとつで学習可能になっています。ほかにも、単語学習アプリ mikan の無料コンテンツには『速読英単語』（Z会）などがあり、有料版では『ターゲット1900』（旺文社）や各種検定試験用の単語帳も利用することができます。

　こうして効率的に「できなかったところを中心に学習する」ことができるのがスマホアプリの利点です。皆さんが使っている単語帳にアプリ版があれば併せて使用することもできるでしょう。便利なツールを積極的に活用しながら、日々の生活の中に単語学習を取り入れていきましょう。

辞書活用のススメ
「意図的学習」による単語学習は「よく使われるフ

レーズ」や「ひとつの英単語に対して代表的な意味」を覚えていくので、ひとつの単語にいくつも意味のある多義語などの対策が手薄になってしまいがちです。そこで、多義語は「偶発的学習」として、実際の英文の中で出会ったときに辞書を活用しながら頭の中に入れていくほうがよいでしょう。

　たとえば、It will meet your requirements. という英文が出てきたとします。みなさんは meet が動詞で、「〜と出会う、会う」という意味になっていることは知っています。そこで、「それがあなたの要求に出会うだろう」と解釈したところで、意味がよくわからないので「おかしいな」と思うはずです。そのときに、「もしかして meet には他の意味もあるのでは？」と思い、辞書で調べます。すると、meet には「〜を満たす」という意味もあることがわかり、「それはあなたの要求を満たすことになるでしょう」と理解することができるのです。

　ほかにも、次の文の意味を考えてみてください。

This milk is bad.

　「牛乳が悪い」という意味を思い浮かべ、そこからなんとなく「牛乳が悪いということは、腐っているという意味なのでは？」と推測して、「牛乳が腐っています」という訳にたどり着いた人もいると思います。

もちろん、意味を推測することも重要なのですが、学習の段階では**ちょっとでも引っかかりを感じたら辞書を調べる**ようにしましょう。そこで bad を辞書で調べてみると「腐った、朽ちた」という意味が出ていることがわかります。例文と一緒に確認して、This milk is bad. の bad は「腐った」という意味だと確信できます。

　このように、「知っている」と思っている単語でも、ちょっとだけ手間をかけて確認するだけで、知らなかったことがわかるようになり、語彙も増えていくのです。自分の知っている単語の意味でうまく処理することができなかった場合、別の意味があるという可能性も考慮に入れつつ、辞書を調べ、そこに書かれている例文とともに確認するようにしましょう。そうすることで、多義語も記憶に残り、語彙力が上がっていきます。

語源による学習法のメリット・デメリット

　語源で単語を学習する『英単語の語源図鑑』（かんき出版）がベストセラーになり、書店でも平積みされているので目にしたことがある方が多くいらっしゃるでしょう。イラストが使われたりして、ビジュアル的にも学習しやすいような工夫がなされたとても素晴らしい本です。

　英語は今日に至るまで、様々な言語と接触をしながら、変化してきました。フランス語やギリシャ語、ラ

テン語から単語を借り入れて（専門的には「借用」と言います）独自に発展させ、語彙を増やしてきました。そのため、語彙がどんどん増えていくことになりました。とくにラテン語やギリシャ語から借り入れた言葉は学術用語として使われるだけではなく、新聞などにもたくさん出てきます。こうした語彙を理解しながら整理して覚えるのに語源はうってつけです。

　しかし、たしかに語源で単語を整理していくと覚えやすいのですが、語彙数の少ない方は語源で学習するよりも、コロケーションなどでとにかく語彙を増やしたほうがいいでしょう。たとえば、subside という単語を語源で学んでみます。sub というのは「下に」という接頭辞です。subway（地下鉄）とか submarine（潜水艦）の sub で、下の方をイメージしやすいと思います。そして語根の side は「座る」という意味の動詞がもとになっています。

　さて、「下の方に座る」とはどういうことなのでしょうか？　辞書を確認すると「〈痛みなどが〉ひく」、「〈風雨などが〉収まる」、「〈水・洪水が〉ひく」、「〈声・音・激情・悪天候などが〉徐々に静まる」というような意味が挙げられています。「下に座る」という語源からはなかなか想像しにくいかと思います。つまり語源で覚える単語には subway のように sub は「下に」で way は「道」だから「下にある道」で「地下鉄」や「地下道」と結びつけて覚えられるものと、

語源からの結びつけが難しいものがあるのです。

　さらに、subside の side に注目すると、皆さんは「側面」という意味を思い浮かべるかと思います。ですが、subside の side は「側面」とは全く関係がなく、「座る」という意味でもともとは別の綴りをしていました。そして時代の変化とととともに綴り字が side になっただけなのです。「座る」という意味を持つ side は president にも含まれていて「一番前に」を表す pre と sident で座っている人を表して、「一番前に座っている人」→「議長」、「社長」、「大統領」という意味になっています。

　語源で単語を覚えようとすると、こうしたプロセスを一つひとつ確認しながら、覚えていくには時間がかかってしまいます。むしろ、理屈を抜きにして語源で覚えるよりも丸暗記してしまったほうがよい場合もあります。一見すると、語源による学習法は暗記が苦痛だった人にとっては「渡りに船」のように思えたりしますが、まずは基本的な 1,000 語以上が頭に入ってからにしましょう。

　語源で学習ができる方はある程度の語彙力（英検 2 級以上を想定しています）がある人に向いています。今まで覚えた単語を語源により整理しながら確認することで定着させ、新たな関連語彙を習得することができるからです。

　ですので、くり返しになりますが、まずは土台とな

る基本語彙を徹底的に学習してください。ある程度、語彙が増えてくると、最初の頃に単語を覚えることに費やしていたよりも短い時間で単語を覚えることができるようになります。そこから必要に応じて、興味があれば語源による学習をするのがよいでしょう。

ややハイレベルなものになりますが、*Word Power Made Easy*（Anchor）や、それよりもやや入門的な *Instant Word Power*（Penguin）という英語で書かれた単語学習本があります。これらの本は接頭語や接尾辞が持つ意味を理解しながら、関連する語彙を問題形式で増やしていくことができます。その中には、日常的に耳にするような語をたくさん学ぶことができます。

たとえば、pyromaniac という単語が出てきます。意味はわかりますか？　「放火狂」だと一瞬で出てくれば、かなりの語彙力があると思います。pyro という「火、炎、熱」を表す語に、日本語でもおなじみの maniac で「マニア」（〜狂）で、炎を愛好する者という意味になるのです。pyromaniac なんてマニアックな単語覚える必要がないと思う人もいるかも知れません。しかし、Alleged Pyromaniac Arrested In Houston（ヒューストンで放火狂の容疑者が逮捕される）というように、実際にニュースや新聞記事でお目にかかることが度々あります。

さらに、pyro という「火、炎、熱」という語源の知識があれば、pyrosis という単語を見るとなにか

「火、炎、熱」といった「熱いもの」を感じることができるようになります。加えて、sis が病気などの「体の中の状態」を表す接尾辞だとわかっていれば、「体の中が熱い病の状況」で、「胸焼け」（食後に胸がチリチリ焼けるような症状）や、そこから比喩に転じて「嫉妬」という意味があることも理解しやすくなります。語源を活用して学習する際には想像力豊かに、「嫉妬」は体の中にメラメラ燃えたぎる炎があるといった気持ちが表されていると覚えておくと定着していくはずです。

　語源による単語学習はなによりも英語という言葉の面白さに気付かされてくれます。単語を語源で関連付けながら学習していくことで、ことばの奥深さがわかり、もっと知りたいという知的欲求がでてくるかもしれません。そうした人には語源による学習はぴったりです。

　ほかにも *Merriam-Webster's Vocabulary Builder*（Merriam Webster）というベストセラーになっている単語本もあります。英語により深く興味を持ったところで上述した語源で学ぶ英単語の本で学ぶのも面白いと思います。もしくは、やり抜くと決めた普段の単語帳とは別に、息抜きとしてパラパラと読んでみるのもひとつの学習の方法でしょう。

苦手な暗記を克服するには

　たしかに、暗記は大変です。でも、覚えないと何も始まりません。皆さんがカラオケに行けば自分の好きな曲を、歌詞を見ずに歌うことができますよね。他にも合唱コンクールで歌った曲や、小学校や中学校の校歌は、時間が経過し、久しく歌っていなくとも、メロディを聴けば歌うことができたりもします。どうしてでしょうか。最初は歌詞を見ながら歌い、何度も歌っていくうちに歌詞を見なくとも歌えるようになったからです。

　では、歌は覚えることができるのに、どうして単語は覚えられないのでしょうか。好きな歌手の曲は通学時に聴いたり、ふとしたときに聴いて口ずさんだり、教室で友だちと歌ったり、カラオケで歌ったりします。そうしているうちに、「いつの間にか歌えるようになっていた」はずです。2、3回歌ったというだけでは、すべての歌詞を覚えることはできません。何回歌ったのか数えることができないほど、たくさん歌ったことで、覚えられたわけです。

　単語の学習も同じです。単語を2、3回見ただけで簡単に覚えられるわけではなく、繰り返し学習していくうちに、ようやく覚えられるのです。

　とは言っても、単語を覚えることが苦手な人にとって、暗記は苦痛でしかありません。ですが、ほんの少しだけ覚えやすくする方法があります。それは、「意

味のかたまり」で覚えることに加え、「書いたり」「声に出したり」することを毎日継続するということだけです。やはり、手を使って単語を繰り返し書いたり、声に出したりすることは効果的です。覚えなければならないと思う範囲を決めて、徹底的に繰り返し学習していきましょう。

どうしても長続きしない人は、なんとか頑張って三日坊主で構いません。毎週、月曜日から三日坊主で水曜日に挫折し、週明け新たな気持ちで水曜日まで三日坊主でやってみる。次第に、自分の中に学習のリズムができ、学習を習慣化させることができます。この習慣化がとっても大切なのです。ある決まった時間に、決まったことをやり続けるようにしましょう。

それでも難しいという人は、学校に行く前の20分間で今日の学習範囲の単語を眺める。通学中の電車の中で単語の音声教材を聞きながら、日本語と英語を確認する。帰りの電車でも音声を確認する。帰宅後に英語を見ながら日本語の意味が言えるかどうか確認する。できなかったところは書いて練習、最後に全部の発音練習——といったように、集中して学習するのではなく分散させて学習することで、毎日何度も同じ単語を見たり聞いたりすることにより、1回の学習時間は短くても自然と覚えられるようになると思います。とにかく、自分の生活の中のどの時間に学習をするか決めてからにしましょう。

やる気を長続きさせるには

　単語帳や参考書を買った直後は「よし、がんばろう！」と思う気持ちが湧いてくるものです。しかし数日経過すると、当初の強い気持ちが失われていき「今週は部活で忙しいから、来週からにしよう」とか「今日は週の途中だから、キリがいい月曜日からにしよう」と、徐々に単語帳や参考書から気持ちが遠ざかってしまいます。一人で学習を継続させることはとても大変なので、こんな考えを誰しもが持つものです。

　定期的に学習の進捗（しんちょく）状況をチェックして励ましてくれる人が近くにいればよいのですが、なかなかそんな人に出会うことができません。そういう人は、学校の授業で定期的に行われている小テストなどを積極的に活用しましょう。学校によっては単語テストを定期的に実施しているところもあります。そのテストのために勉強をすることがペースメーカーになってくれます。

　「自力で頑張ってみる」という人は、頑張りの成果が可視化されたほうが次のやる気につながります。手帳やカレンダーに学習した内容を書いていきましょう。そうすることで、自分の努力の成果が目に見えるようになります。学習状況を可視化することでどれだけ自分が頑張れたのかを振り返ることができ、「これからも頑張ろう」と学習に前向きになることができます。ほかにも、スマホ用の Studyplus のような学習管

理アプリを活用して自分の学習成果を記録していくこともできます。

　自分の学習成果が可視化されてくると、頑張りにつながっていくはずです。たとえば、みなさんが小説を読み始めたとします。最初は「この本は長いなあ」と思いながら読んでいるかもしれません。しかし、徐々に残りのページが少なくなってくるのがわかると、「ここまで読んだんだ、あとちょっと」という気持ちになります。実際に自分が手にしている本の残りページが少なくなってくるということがわかるので、自分がどこまで読み進めているのかがわかります。そして、読み終わったところで、充足感や達成感で満たされるはずです。単語帳も半分を過ぎたところぐらいから、「ここまで頑張ったんだ、あと半分頑張ろう」という気持ちになると思います。

　学習を毎日続けるのは大変です。ですが、その日々の学習の積み重ねによってのみ語学力が向上していくのです。芸人の西川きよし師匠が「小さなことからコツコツと」と言っている通り目標に向かって毎日コツコツと自分のペースで頑張ってください。ちなみに、『薬袋式英単語暗記法』（研究社）では、単語学習のスケジュール管理の方法が丁寧に説明されていますので、その通りに実践していくこともおすすめです。

　また、英単語学習の最新の研究成果を『英単語学習の科学』（研究社）にまとめた中田達也先生は、効果

的な英単語の学習をするには「忘れる前に復習するのではなく、忘れてから復習しないと意味がない」(51ページ)と述べています。忘れた頃にもう一度学習をすることで、少しずつですが、着実に長期的に記憶をすることができるようになるのです。極論すれば、単語学習は一度に覚えようとせず「忘れてよい」学習なのです。テストなどをしながら、繰り返して学習していくうちに自然と記憶に定着させていきましょう。

第3章　文法の学び方を身につける

日本人は文法ばかり勉強しているから
英語ができない？

　日本人は文法ばかり勉強しているから英語が使えるようにならない。学校での英語の授業は「to 不定詞の形容詞的用法」や「独立分詞構文」といった文法用語の学習になっているから英語が身につかない——そんな物言いをしばしば耳にします。「シェイクスピア」と並び、「文法学習」は悪者にされてしまいがちです。

　ですが、英語を使って論理的に書いたり、話したり、さらには、相手の話している英語を聞いてその内容を的確に把握したり、文章を読んで繊細なニュアンスを理解できるようになるためには、文法という土台を固めておかなければなりません。

　「英語母語話者は文法を気にして英語を話しているのではないのだから、文法よりも話す練習をすべきだ」と主張する人もいます。しかし、私たちは母語話者ではないので、文法は学習して頭の中に入れておき、いつでも活用できる状態を作っておかなければならないのです。

とある少年のエピソード

　ある学校に成績が悪いため、習熟度の低い生徒が集まるクラスに入れられた少年がいました。この少年は、優れた先生に出会い、めきめき英語が上達し、素晴らしい文章を書くことができるようになりました。彼がどのようにして英語を学んできたのかについて、自伝で彼自身が語っていますので、その部分を引用してみます。

　　先生は英語の教え方を心得ていた。これまで誰も教えたことのないやり方で、英語を教えたのだ。我々生徒は徹底的に文中の品詞や文法的な関係性を学んだだけではなく、絶えず英文の構造分析訓練したのである。サマヴィル先生独自の教授法があった。かなり長めの一文を提示してから、黒、赤、青、緑色で印をつけ、文を構成する要素に分けていく。たとえば、主語、動詞、目的語、関係代名詞節、条件節、接続節、離接節といったように！　そしてそれぞれ色付けされ、それぞれ括弧に括られる。それはドリル形式の訓練の一種であった。これをほぼ毎日行ってきた。私は成績の芳しくない生徒の集まるクラスに3倍長く在籍したため、他の生徒よりも3倍練習した。そして、私はこの方法を徹底的に学んだのだ。そのため、普通の英文の主要な構造を骨の髄まで叩き込むことになった。これは、と

にかく貴重な経験であった。（拙訳）

　当時、この少年が英語の先生から教えられたことは、徹底的な品詞分解、文法的な枠組みに従って英文の構造を解析することでした。どうでしょうか？　こんな古めかしい方法で英語ができるようになるの？と疑問を抱く方もいらっしゃるかもしれません。ですが、徹底したドリル形式の学習が最終的には素晴らしい成果を生んだのです。

　皆さんが英語を学ぶときのことを思い出してください。先生が黒板に英文を書き、「ここは主語だから四角で囲もう、動詞には下線、そしてこの名詞は黄色で下線を引いておきましょう。そして、これが目的語になる。ここは副詞句だから赤で括弧にくくろう」といったような授業を受けたことがあるかもしれません。こうした授業に対して「英文を分解するだけで英語ができるようにならない」や「時代遅れの学習法」というような批判もあります。おまけに「だから、日本の英語教育はだめなのだ」という人までいます。

　ですが、主語や動詞、品詞がわからないと、ちょっと文が長くなった途端に読めなくなってしまいます。そうなると、単語1語1語の意味を調べ、英語の下に単語の意味を書いて、その日本語を眺め、なんとか「日本語らしい文」をでっち上げ、「訳ができた」としてしまいます。ときにはそれが正しい場合もあります

が、そうでない場合もあります。それではいつまでたっても次の段階に進むことができません。英語学習において「品詞」と「語順」は絶対に理解しておかないといけないものなのです。

　さて、上に引用した文章の主人公に話を戻しましょう。彼はその後、政治家にもなり、政府の要職に付き、私たちの暮らす日本にも大きな影響を与えることになります。そして、この先生に出会ってから64年後、彼はノーベル文学賞を受賞しました。この少年は、ウィンストン・チャーチルというイギリスの政治家です。英国首相であったチャーチルの政治思想やその手法については様々な評価がありますが、少なくと

も優れた英文の書き手であるという評価はなされています。引用元はチャーチルの自伝『わが半生』（My Early Life）の一部です。

　チャーチルはイギリスの名門パブリックスクールであるハーロウ校に入学します。しかし、成績は低かったため、最下位のクラスで過ごしました。上位クラスの生徒たちは、ラテン語やギリシャ語を勉強していますが、彼のクラスは古典語の学習はせずに、時間をかけて母語である英語をしっかり学んだのです。彼はそこで、品詞分解や文構造の解析についてみっちり教え込まれたのです。

　英語母語話者ですら、基礎的な品詞や構造分析を繰り返し学んでいたのですから「英語母語話者は文法なんて勉強しなくても英語ができる」という発言は「ちょっと言い過ぎ」だということがわかりますよね。ということは、英語母語話者ではない私たちは、文法の学習は絶対に避けては通ることはできないのです。

文法知識がないと読めない英文

　次の文を日本語に訳してください。考える時間は10秒です。

The old dog the footsteps of the criminal.

「年老いた犬が犯罪者の足跡を追った」と訳した人

がいるかも知れません。違います。また、「年老いた犬が犯罪者の足跡を……」と読んだところで、なんだかおかしいなと思った人もいるかもかもしれません。なぜでしょうか。ほとんどが知っている単語ですし、複雑な文構造にもなっておらず、さほど長くありません。一見すると簡単な文になっているので、深く考えずに、左から日本語に直していった——そんな感じだと思います。

　ですが、ここでうまく意味が取れなかった人は、「英語の形」へ意識が向いていなかったのです。形にこだわって学習をしないと、「文型」「品詞」「語順」といった英語のもっとも大切な概念が抜け落ちてしまったり、中途半端な状態のままになってしまいます。ここでは、絶対に理解しておかなければならない3つのことをお伝えします。

英語の超基本① 重要な4つの品詞を覚えておく

名詞 ：文中で「主語」「目的語」「補語」になる。文中で「名詞が連続する」場合は、動詞の後ろに出てきて「目的語」と「補語」の関係になることや、「複合名詞（例えば box office や priority seat など）」になる。または、「目的格の関係代名詞が省略された［先行詞］と［主語（＋動詞）］の関係」のいずれかである。

動詞 ：文中で「動詞」になる。to不定詞、動名詞、現在分詞、過去分詞で他の品詞に「変身」する。

形容詞：文中で「補語」になる。「名詞」を修飾する。

副詞　：文中で修飾語として機能して、基本的には「名詞以外」のすべてを修飾できる。

英語の超基本②　英語には5つの「文型」があり、原則としてひとつの文には最低1セット「主語」と「動詞」が含まれ、文型と品詞は関連付けられる。

第1文型：主語（名詞）＋動詞

第2文型：主語（名詞）＋動詞＋補語（名詞もしくは形容詞）

第3文型：主語（名詞）＋動詞＋目的語（名詞）

第4文型：主語（名詞）＋動詞＋目的語（名詞）＋目的語（名詞）

第5文型：主語（名詞）＋動詞＋目的語（名詞）＋補語（名詞もしくは形容詞）

英語の超基本③　英語の情報が提示される順番には一定の規則があり、意味と結びつく。

基本語順：［だれ・なに（は・が）］［する・です］［だれ・なに（に・を）］［どのような（に）・どこ・いつ・なぜ］

　この基本的な語順のパターンを「意味順」と呼ぶのですが、さらに詳しく勉強したい人は田地野彰先生の『〈意味順〉英作文のすすめ』（岩波ジュニア新書）を読

むとよいでしょう。「英語の超基本②」の5文型を補完するものでもあります。特に、日本語と英語の語順の違いを意識しながら学習することができる考え方です。

　それでは、この3つの基本的な考え方に従って、再び以下の文を考えてみましょう。

The old dog the footsteps of the criminal.

　The old dog「年老いた犬」、the footsteps は「足跡」、of the criminal は前の the footstep にくっついて「犯人の足跡」と考えてしまうと、全体の意味がおかしくなってしまいます。おかしいままなんとなく雰囲気で、訳を「でっちあげる」ことはしてはいけません。なぜ、おかしいのか考えてみましょう。

　①の規則を確認してください。The old dog と the footsteps という「名詞（句）」が連続しています。結論から言いますが、この場合は複合名詞でもないですし、関係代名詞の省略でもありません。では、②のルールである、「主語」と「動詞」を探してみますが、動詞がどうしても見つかりません。

　そこで③のルールを考えます。[だれ・なに（は・が）][する・です][だれ・なに（に・を）][どのような（に）・どこ・いつ・なぜ] の最初の [だれ・な

に（は・が）］に the old dog を入れると、次の［する・です］のところに the footsteps という名詞が来てしまいます。名詞は動詞になりませんので考えを改めます。

そこで、ひとつひとつ確認するために、辞書を調べてみましょう。まずは、old からです。『アクシスジーニアス英和辞典』（大修館書店）を見てみると、「［the〜；集合的に；複数扱い］老人たち」と書かれています。ということで、The old は「老人たち」という意味で「主語」である可能性が出てきました。

そうすると［だれ・なに（は・が）］の部分が the old で、［する・です］に入る部分が dog になりました。この、動詞部分に名詞の「犬」を表す dog が入るかどうか、念のため辞書を調べてみましょう。すると「名詞」で「犬」という意味が書かれているずっと下の方に、「動詞」の dog があります。そこには、「〈不幸・問題などが〉〈人〉に（長い間）つきまとう」と「〈人〉を尾行する」「〈足跡〉を追いかける」という意味が挙げられています。きちんと辞書を調べ、「dog ＝犬」ではなく、動詞としての使い方もあるということがわかれば、語彙も増やしていくことができるのです。いわゆる「偶発的学習」ですね。

つぎに、dog の意味を決めていきましょう。そこで、辞書の項目に挙げられていた 3 つの意味を以下に列挙してみます。

① 〈不幸・問題などが〉〈人〉に（長い間）つきまとう
② 〈人〉を尾行する
③ 〈足跡〉を追いかける

　英語学習を初めて間もない頃は、辞書の最初に出てきた意味を当てはめてしまう傾向がありますが、もうひと手間かけて意味を考えます。動詞だけ見ていても意味が決まらないときは「後ろを見る」のです。dogの後ろを見ると、the footsteps of the criminal（犯罪者の足跡）となっているので、辞書の③「〈足跡〉を追いかける」の意味で理解すればよいということがわかります。ということで、

[だれ・なに（は・が）]：the old
[する・です]：dog
[だれ・なに（に・を）]：the footsteps of the criminal

　という文だということがわかります。後は、日本語らしい語順で考えればよいのです。日本語は、「弟は私のプリンを食べた」のように、[だれ・なに（は・が）] → [だれ・なに（に・を）] → [する・です] という語順で情報が展開しますので、「老人たちはその犯人の足跡を追いかける」という意味になります。
　たった1文ですが、品詞や語順に関する知識がなければ読み間違えてしまうことがあるということがわか

ったと思います。このように、英文を読んだり理解する際には、英語の文構造を支える規則を常に意識することで、最終的には「形を意識せずに読める」ようになるのです。

問題演習で基本的な文法を身につける

それでは、どのように「文法」を学習すればよいのでしょうか？

まずは、自分のレベルに応じた文法の問題集を一通り終わらせてしまいましょう。この段階では、英語の語順や基本的な文法の知識を確認するようにしてください。間違えたところや、知らなかったことは繰り返し問題演習をしていくことで、「インテイク」（21ページ）できます。

高校生や、基礎レベルから確認したい人は田中健一著『英文法基礎10題ドリル』（駿台文庫）や宇佐美修著『英語運用力養成 新・英文法ノート』（日栄社）など基礎・基本が確認できるものがありますのでそちらを利用するのがよいでしょう。これらの本は、英語の「パターン」に慣れるために活用するもので、すべての文法事項を網羅的に隅々まで学習するものではありません。文法を学ぼうとしたときの「はじめの一歩」として効率的に学ぶことができるものです。これらの本に書かれていることは学習を始めてから2、3ヶ月以内に「自分で説明できる」という状態にしましょう。

解けない問題や疑問が多かった項目は学校の先生に聞いたり、『ジーニアス総合英語』（大修館書店）や『ブレイクスルー総合英語』（美誠社）といった高校生が使う総合英語の参考書を適宜参照して確認しましょう。難易度が高いものに、江川泰一郎著『英文法解説』（金子書房）や綿貫陽編著『ロイヤル英文法』（旺文社）などがありますので、みなさんと相性のよい参考書を手にするのがよいと思います。

　他にも出版年は古いのですが、山口俊治著『山口俊治　英文法講義の実況中継』（語学春秋社）のように、実際の予備校の授業を文字に起こしたものや、語り口調で書かれている仲本浩喜著『仲本の英文法倶楽部』（代々木ライブラリー）など、比較的短時間で一通り文法項目を概観することができる参考書や問題集があります。

　これも単語帳と同じく、自分に合う一冊を見つけ、それを徹底的にやり抜きましょう。最初からすべての問題を解くことができなくても大丈夫です。大切なことは「できなかったところをあぶり出し、総合英語などの参考書で確認する」ことです。総合英語の参考書では、重要なところに線を引き、ふせんを貼っておきましょう。後日、ふせんが貼られている部分を見直したときに「そういうことだった」と思い出した瞬間に知識として「インテイク」されていきます。

パターンプラクティスで英語の型を叩き込む

　声を出しながら、英語の「型」を血肉化させていく方法もあります。古典的な名著として W. L クラーク著『アメリカ口語教本』(研究社) があります。入門、初級、中級、上級と分かれていますので、自分のレベルに応じた学習ができます。

　この本は、会話や短めの文章の意味を理解したところで、何度も音読をし、英語の感覚を身につけていきます。その後、本文中の重要単語や表現の解説ページを読み、単語や表現の「使い方」を確認し、日本語から英語に直す練習をして、定着を図ります。

　内容が理解できたところで、アウトプットのためのパターンプラクティスを行います。「パターンプラクティス」とは、モデルとして示された文の一部を入れ替えたり、疑問文や否定文に変形させることで新たな文を作るトレーニング方法です。できるまで何度もパターンプラクティスを行うことで、体に英語のリズムを染み込ませます。やみくもにすべてを暗記するのではなく、繰り返し学習をすることで自然とできるようになっていきます。

　パターンプラクティスは文字に頼らず、音声で学習することを通して、アウトプットにつなげていく学習です。文法をマスターするには、徹底して「型」にこだわり、その「型」の習得をすることが大切なのです。そうすると、次第に「型」が気にならなくなって

「自然体」に近づいていきます。文法を理解しながら学習することで「型」をインテイクさせることが可能なのです。

さらに、基本的な英文法を確認しながら、アウトプットのための練習をする教材を利用するのもよいでしょう。横山雅彦、中村佐知子著『スピーキングのためのやり直し英文法スーパードリル　英語のハノン』（筑摩書房）があります。『英語のハノン』は「初級」、「中級」などとレベルに分かれていますが、まずは基本的な文法事項が説明されている「初級」から挑戦してみましょう。英文法のポイントが端的に記されているので、それを理解したところで、提供されている音声に従ってパターンプラクティスをしていきます。これが結構大変なのです。

テキストに書かれている英文を読むと「こんなの中学生の英語だから簡単すぎる」と思ってしまいますが、文字を見ることなく、音声で指示された通りに英語で発話するとなると別物です。すかさずリピートする、言われた単語に置き換えて英文を作って言ってみるという課題が1,000本ノックのように繰り出されてきます。最初はそのスピードについていくことができませんが、毎日継続していると「あれ、いつの間にかスラスラ言えるようになった」ということに気が付きます。練習していくうちに、話せるようになるための最低限の英文法も同時に身につきます。

このパターンプラクティスによる学習は、1950年代にアメリカで開発されました。ミシガン大学を中心に開発されたので「ミシガンメソッド」と呼ばれることがあります。この「ミシガンメソッド」は70年代以降に日本に入ってきました。すこし古い学習法だと思われるかもしれませんが、『英語のハノン』はそれを現代風にアレンジし、日本人英語学習者にとって最適だと著者たちが考える方法として提示されています。

　テキストと付属の音声を最大限活用して、瞬時に英文をアウトプットできるようになるまで、何度も繰り返しましょう。そして、たくさん音読をして、苦手なところはノートに英文を書き取るなどして意味を考えてみましょう。そうすることで、基本的な英語の組み立て方を「体得」することができます。

第4章　音読とリスニング

音読することの効能

　これまで、語彙と文法の大切さについて、説明をしてきました。ここでは「音声」をインプットし、そこから学んだことを内在化させていくことを示していくことにします。

　「今日の授業はここまでです。今日読んだ文章は家でしっかり何度も音読をしておいてください」と、英語教師になったばかりの私は授業のたびごとに言っていました。家で何回も教科書を音読してもらうことを期待していたのですが、うまく伝わらず、わたくしの「音読してください」という言葉は意味を失い、「授業の終わりを告げる記号」になっていました。しかし、どうして英語の先生は「音読が大事」と言うのでしょうか？

　「只管朗読」という言葉があります。同時通訳者の國弘正雄先生が「ただひたすら座禅をする」只管打坐に着想を得た造語です。

　國弘先生はその著書において、中学3年までの英語の教科書を何百回と読み込むことは、表現を覚えるだけではなく話すことに結びつくと書いています。皆さんが使った、もしくは使っている中学の検定教科書3

年分に出てくる表現をしっかり覚えておくことで、600〜1,800語が確実に使いこなせるだけでなく、表現も「インテイク」されていきますので、覚えている表現や単語を組み合わせて自分の言いたいことを言えたり、書けるようになります。

音読は、「文字」「音」「意味」をセットにして英語を覚えることができる活動のひとつです。繰り返し音読を行うことで、多くの英語表現が頭の中に「インテイク」されていきます。英語を聞いたり話したりする際に、インプットされている情報にアクセスし、それらを活用することで書かれている内容や発話された内容を理解することができるようになります。

音読に関する研究に、門田修平先生の『音読で外国語が話せるようになる科学』（SB Creative 新書）という本があります。門田先生によれば音読とは、「文字言語から音声言語への橋渡し」（54 ページ）だということです。

さらに、門田先生は、音読には以下に挙げる 5 つの効果があるとしています。

①黙読時の読みの速度を引き上げる効果
②リスニング力向上効果
③語彙・構文等の定着効果
④英語力全般に対する効果
⑤勉学開始前のレディネス形成効果

こうした効果を得るには、ただなんとなく英語を声に出すのではなく、きちんとした方法で音読しなければなりません。きちんとした音読学習は速読にもつながり、リスニングでも成果を発揮し、さらには語彙力も高まっていくのです。

　④にある英語力全般とは、読むだけではなく、書いたり、話したりすることに貢献するというものです。また⑤のレディネス（準備状態）形成効果とは、音読をした後に学習をすると効率が高まるということです。英語の勉強を始める前に、音読をするというのは、スポーツをする前に行う準備運動のようなものだと考えることができますね。

　私が大学3年次に受けた英語の授業では、先生は先生というよりも「コーチ」のような存在でした。授業開始時に先生の教卓から音声が再生されると、学生の机に埋め込まれているカセットデッキに入っているテープに自動的に録音されます。机に埋め込まれたカセットデッキには再生ボタン、早送り、巻き戻しボタンがついていますので、再生しては書き取り、聞き取れなかったところは巻き戻して一字一句書き取っていきます。いわゆるディクテーションです。繰り返し音声を聞いて、書き取るのですが、それでもわからないところが出てきます。そうした場合は、最後まで聞いて、文章全体の意味を考え、聞き取れていない単語を文脈や文構造から推測して、入れていきます。

全て書き取れたところで、一つひとつの英文の構造や発音記号が書かれた解答を先生からもらい、自分で答え合わせをして、間違えたところを確認します。その後に、繰り返し音読をして、発音が難しいところについては、先生に個別に発音矯正をしてもらいます。そして、翌週に暗唱の試験がありますので、自宅で音声を聞きながらひたすら英文を毎日正しい発音とイントネーションで言う練習をしました。暗唱試験が終わると、パターンプラクティスの練習がありました。この先生はミシガン大学で英語教育を学んできた方で、「ミシガンメソッド」を授業に取り入れていたのです。

　毎日繰り返し音声を聞き、音読をし、暗唱をし、時には録音をして自分で発音やイントネーションを確認したことが、結果として頭に大量の英文がインテイクされることになりました。私が授業を受けていたのは今から20年以上前のことですが、今でもそれらの英文を諳んじることができます。このとき覚えた英語表現は、今でも私が英語を書いたり話したりするときに真っ先に出てきます。こうして、自分の中に基盤となる英語表現を叩き込むことで、応用することができるようになりました。長い文章を覚えることは大変なのですが、自分が役者になったつもりで音読を繰り返し行っていくことにより、最終的には「覚えてしまう」のです。こうして覚えた表現は、みなさんが英語を使うときに必ずや強力な助けとなってくれます。

何を音読すればいいの？

まず大前提として、「読んだときに意味のわかる英文」を音読の教材にしましょう。特に独習をしていると、自分の読みが正しいかどうかわかりません。そのときは、和訳を確認し「なぜ、このような訳になるのだろう」と考え、辞書や文法書を調べて理解をしてから音読しましょう。

The old dog the footsteps of the criminal. という英文を old も dog も footsteps の意味がわからない状態で毎日 100 回音読しているうちに、自然に「あ、こういう意味なんだ」とはなりません。「意味がわかる」ためには、繰り返しになりますが「語彙」と「文法」という「土台」が必要になります。

たとえばカラオケで洋楽を歌う時、その歌詞すべての意味がわかっている状態で歌っているのではなく、なんとなく英語らしい発音で歌うことがあるかと思います。練習すればたしかに上手に歌うことができますが、それは英語ができるとは言えません。つまり、たくさん音読するにせよ、意味を正確に捉えることができなければ、意味のない練習になってしまうのです。

音読用の教材を選ぶ際には、自分のレベルに応じたものを利用するようにしましょう。自信のない人は、今のレベルよりもちょっとやさしめというところから始めてもよいかもしれません。一見すると簡単すぎるように思えて、実はすべてわかっていないというとこ

ろもあるかもしれません。語学学習は基礎基本をおろ
そかにしないことが大切なのです。

最適な教材①中学校や高校の英語の教科書

　単語学習と同様に、音読も毎日継続することが理想
的です。平易な英文から初め、徐々に難易度を上げな
がら学習をしていきましょう。

　群馬県の草津温泉に「合わせ湯」という伝統的な入
浴法があります。草津温泉は江戸時代から万病を治す
として、日本各地から多くの人がやってきました。草
津温泉はとにかく熱いのです。みなさんのご自宅で入
浴するとき、お風呂の温度を41度くらいに設定して
いると思います。しかし、草津温泉のお湯は46度と
か47度なのです。これはとても熱い。熱湯風呂なの
です。この熱湯風呂にどうやって入るかがポイントな
のです。「合わせ湯」には異なった温度のお湯の入っ
た小さな浴槽が並んでいます。最初はぬる目のお風呂
に浸かり、体を温めたところで、そこから少しずつ高
い温度の湯船に移動していくというものです。たとえ
ば、ある温泉では38度、40度、42度、44度と順に
入っていくうちに、最後は46度の湯船に入れるよう
になっています。いきなり46度のお湯に浸かるので
はなく、徐々に体を慣らしていきながら入っていくの
です。

　私が草津で温泉に浸かりながら、「もしかしたらこ

の入浴法は英語学習にも当てはまるのでは？」と思いつきました。つまり、英語学習もちょっと「ぬるいところ」から始め、徐々に難易度をあげていくと効果的なのです。クラッシェン博士の現在の自分のレベルよりもちょっと上のレベルを学習するという「インプット仮説」と重なりますね。

　難易度が徐々に上がっていく教材として最適なものがあります。それは、みなさんが学校で使う中学や高校の英語の検定教科書です。検定教科書は単元ごとに重要な文法事項がきちんと学べるように作られていますので、教材としては最適なのです。もし、みなさんが中学生や高校生でしたら「今自分の使っている教科書」ではなく、「ひとつかふたつ下の学年の教科書」から音読を始めましょう。既に学校で勉強して本文の内容については理解できているはずですので、音読に集中することができます。わからない所があれば、ノートを参照したり学校の先生に質問すれば解決できますね。

　音読の学習には音声が重要ですので、必ず入手しましょう。検定教科書にはQRコードが付いていて、出版社のウェブサイトから音声をダウンロードができるものがあります。また、有料で販売されているものもあります。

　また、それぞれの教科書には、教科書ガイドの類が出版されていますので、それらを積極的に活用し、新

出単語、和訳、構文の理解を深めてください。意味が
わかった状態で繰り返し音読をしたり、英語を聞くよ
うにしましょう。意味がよくわからない英文をひたす
ら聞いているうちに、「ぱっ」とした瞬間に意味がひ
らめく、なんていうことはありません。

　また、自分の学校で使っている教科書とは違う会社
から出版されているものを使ってみるのもよいでしょ
う。大きな書店に行けば検定教科書も入手することが
できますし、街の書店では教科書ガイドが並べられて
いるコーナーがありますのでそちらで確認してみてく
ださい。

最適な教材② 『英会話・ぜったい・音読』シリーズ

　教科書や音声を入手するのが難しいという方は、中
学校、高校の教科書を再編集した音読用の学習教材を
活用することもできます。

　國弘正雄先生が監修した『英会話・ぜったい・音
読』（講談社インターナショナル）シリーズがありま
す。入門編は中学1、2年生用、標準編は中学2、3年
生用の、挑戦編は高校1年生用の教科書から、文章が
選ばれ、「そのまま」掲載されています。そして、本
文朗読のCDが付属しています。この本の冒頭部分で
は國弘先生が音読の大切さについて説明されています
ので、一読したり、行き詰まったときに読み直したり
するのもよいでしょう。音読を頑張ろうという気持ち

にさせてくれます。

　このシリーズはレベル別になっていますので、英語をやり直し、学び直したいという方は入門編、もしくは標準編を使ってみましょう。高校生であれば標準編もしくは挑戦編が最適です。このシリーズは、少し前に刊行された中学、高等学校の英語の教科書からの抜粋ですので、扱われている内容がやや古いのですが、そこにはこだわらず、徹底的に音読用の教材として活用しましょう。じっくりやっていけば、必ず基本的な語彙と文法を定着させることができます。

　こうやって学んだ語彙を使うことができるようになれば、英語を使ってのコミュニケーションのスキルも向上していくはずです。試しに、次の6つの日本語に対応する英語を口に出して言ってみましょう。

1.　困っている人たち
2.　栄養分
3.　〜に近寄っていく
4.　後方に
5.　そばを通り過ぎる
6.　点字

　『英会話・ぜったい・音読 続標準編』からランダムに選んだ表現です。どうでしょうか。瞬時に、英語で言うことができますか。そして、正しく発音すること

ができましたか。答えは次のとおりです。

答え
1. people in need
2. nutrient(s)
3. go close to
4. in the back
5. pass by
6. braille

　答えを見ると「あ、そうだよね」とか「簡単な単語だ」と思うかもしれません。そうなんです、こうした簡単な単語をしっかり使いこなすことができるだけで、だいぶ表現の幅も広がっていきます。音読トレーニングは偶発的学習として語彙も増やすことができるのです。特に中学の教科書に出てくる単語は「発信語彙」としても重要なものですので、「わからないものがない」という状態にしましょう。

最適な教材③ニュースやスピーチの教材
　朝日出版社が定期的に刊行している『CNNニュース・リスニング』はひとつ30秒ほどのニュースがおよそ20セット掲載され、音声はナチュラル、ゆっくり（ポーズ入り）、ゆっくり（ポーズなし）の3パターンで収録されています。さらに、アメリカ英語、カナ

ダ英語、イギリス英語、オーストラリア英語と音声の
バリエーションも豊富です。やや難易度が高いのです
が、語彙や表現の解説を頼りに理解することもできま
す。

　少し「おしゃれな」表現（レトリックや警句などが含
まれていることがあるからです）を学ぼうと思っている
方は、スピーチや TED Talks を利用するのもよいでし
ょう。TED Talks はプレゼンテーションを文字起こし
したものに加え、プレゼンテーションの動画を無料で
利用することができます。ただし、スピーチやプレゼ
ンテーションにも難易度がありますので、自分のレベ
ルにあったものを利用してみましょう。なお、本書の
後半ではエマ・ワトソンさんが国連で行ったスピーチ
を取り上げ、学習をしていきます。

　そのほかに、英字新聞を活用するという手もありま
す。時事英語を使って学習したい人に、おすすめのサ
イトを紹介します。株式会社ジャパンタイムズが発行
している学習者向けの新聞のウェブサイト The Japan
Times alpha online を活用する方法です。

　新聞を購読している方は全てのページにアクセスで
きるのですが、講読してなくても週刊の The Japan
Times alpha 本紙に掲載された一面記事ひとつを無料
で読むことができるのです。そして、その記事の翻訳
も閲覧できます。つまり、The Japan Times alpha online
を使うと、毎週ひとつの英文記事と和訳で学習をする

ことができるようになるのです。

　定期購読をすると、新聞が届き、同時にウェブサイトでは一部の記事とその全訳を閲覧できるようになります。さらに、英文の記事の音声や読解問題も利用できます。すべての記事を1週間で読み切るのは難しいかもしれません。ですので、国内のニュースや新作映画の紹介など気に入った記事を読むということを継続していくのもよいでしょう。

　英字新聞を読むことを通じて、今世界で起こっていることを知ることができますし、それは日本で報道されている内容とは異なった視点から捉えられている場合もありますので、物事を多角的に考えられるようになるかもしれません。

　他にも学習者用の英字新聞として週刊英和新聞Asahi Weekly もあります。Asahi Weekly はアプリをインストールしたスマホのカメラを記事にかざすと音声を聞くことができます。The Japan Times alpha online の記事よりも、易しい英語で書かれたものもあるため、ウェブサイトから最新号を試し読みして比較してみましょう。

　英語に自信のある方は、日本の新聞社が出している各種の英語版を利用してみましょう。毎日新聞ならThe Mainichi、読売新聞なら The Japan News、朝日新聞であれば The Asahi Shimbun などがあります。日本国内のことが英語で報じられていますので、背景知識

も読解を助けてくれることになるでしょう。

　朝日新聞は「朝日の時事英語」という月額550円の
サービスを利用することで時事英語の学習、天声人語
の日英語対訳版、社説の日英語対訳を読むこともでき
ます。こうしたウェブサイトやアプリを利用すること
で、電車の中のスキマ時間を有効に使うことができる
ようになります。

　これらの記事を精読し、自分がニュースキャスター
になったつもりで読む練習をしてみてください。そう
することにより、時事的な英語表現をたくさんインプ
ットできるようになります。

最適な教材④検定試験のテキスト

　もちろん各種検定試験のリスニング用のスクリプト
を使った学習もできます。問題の答え合わせをするだ
けではなく、音読用の教材として活用することも可能
です。聞き取りだけではなく、使われている語彙や表
現を定着させることができますので語彙も増え、検定
試験対策にもなります。

　NHKラジオで放送されている各種英語番組のテキ
ストと音声を利用することもひとつの手です。NHK
ラジオの英語番組は学習者のレベルや目標に合わせて
各種の番組が用意されていますので、自分の力に応じ
た番組のテキストを選び、番組を聞きながら内容を理
解し、その後に徹底的な音読を行うことで、学んだ表

現が体の中に染み込んでいきます。

　大学受験などを視野に入れた場合は『速読英単語』（Ｚ会）のような文章の中で単語を覚える教材も音読教材として適しています。

最適な教材⑤小説などの物語

　音読をするときに、文学的な表現を声に出して読むことで、英語のリズムや表現を学ぶということもできると思います。元 NHK WORLD 英語アナウンサーで朗読家の青谷優子さんの『英語朗読でたのしむ日本文学』（アルク）を使って楽しくトレーニングをすることができます。

　『英語朗読でたのしむ日本文学』は、太宰治の『走れメロス』、夏目漱石の『吾輩は猫である』といった誰もが知っている日本文学の有名な場面が取り上げられていますので、それらの英訳を使った音読の練習ができます。また、「この日本語はどのように英語にするのだろう」という観点からも学ぶことがたくさんあります。

　また、拙著ではありますが、『オスカー・ワイルドで学ぶ英文法』（アスク出版）も、音読には適した学習書です。オスカー・ワイルドの有名な童話「幸福な王子」を通して重要な文法事項もきちんと学べるようになっています。英文も比較的平易ですので、高校生程度の実力を持っていらっしゃる方であれば、何度も繰

り返し音読をして、英語表現を学ぶことができるはずです。

　いきなり小説を読むのはちょっと厳しいと感じる方には、Graded Readers と呼ばれる、原文を平易な語彙と文構造に置き換えて書かれた本のシリーズを利用するのもよいでしょう。

　文学作品を平易な表現に直したものや、有名人の伝記、映画のストーリー、ノンフィクションなど様々なジャンルの本が、しかも学習者のレベル別になっていますので、自分のレベルに合わせたものを選ぶことができます。たとえば Penguin Readers には平易な英語に書き直された『トム・ソーヤーの冒険』（The Adven-

レベル	単語数	語彙数
S Pre-A1	400-600	350
1 A1	1,000-1,600	550
2 A1+	3,000-5,000	700
3 A2	7,000-10,000	1000
4 A2+	11,000-14,000	1,200
5 B1	15,000-18,000	1,600
6 B1+	18,000-22,000	2,000
7 B2	22,000-26,000	2,500

tures of Tom Sawyer）やテスラ創業者のイーロン・マスク（Elon Musk）について書かれたもの、ロック・バンド、クイーン（Queen）のボーカル、フレディー・マーキュリー（Freddie Mercury）の伝記などがラインナップされています。

前のページに掲載したのは Penguin Readers のレベル表です。基本の 1,000 語を徹底的にマスターしていくのであれば、ちょうど Level 3 のシリーズが 1,000 語なので、このあたりから学習するとよいかもしれません。

また、Oxford Bookworms Library シリーズも詳細なレベル分けがなされているだけでなく、使用される文法項目がレベルごとに明記されていますので、自分の実力に見合ったレベルでの学習が可能となります。

音読をすることで何が得られる？

音読は、テキストの一番はじめの文字から終わりの部分までを単に声に出して読むということではありません。きちんとした方法でトレーニングを行うことで、そこに出てくる表現や、語句の使い方を頭の中にインプットすることができるようになります。そうすることで英作文や英会話に応用できる力が養えるのです。音読は「聞いてわかる」「読んでわかる」そして「話せるようになる」「書けるようになる」ための重要なトレーニングなのです。

私は、英作文は「英借文」であると教えられてきました。与えられた日本語を英語に直す際に、自分の知っている英文や構文を参考にして、単語などを入れ替えて自分の言いたい表現に近づけていくものです。そのための暗唱用例文集などもありますので、これらを音読しながら、頭に入れていく方法もあります。

　とにかくたくさんの表現を自分の中にストックしていくことが重要です。英語を使う際にはこれらの「貯金」を活用することで、英文を作り出すスピードが速くなります。つまり、音読とは「語彙」「構文」「文法」「音声」を貯金していくための学習なのです。

始める前の「仕込み」と練習

　いきなりテキストを開いて、最初の一文字目から音読を始めると、きっと途中でわからない単語や読めない語が出てきて止まってしまいます。そうならないように、丁寧な準備が必要です。

準備（音読の仕込み）
①聞きながら意味の推測をしよう
　テキストを見ずに、本文の音声を何回か聞きます。細かいところは難しいと思いますので、まずは全体の意味を捉えましょう。
②テキストを見て意味を確認しよう
　ある程度、意味が推測できたところでテキストを開

き、再度音声を聞きながら英文を目で追っていきます。意味が曖昧なところはチェックをして、辞書や和訳、解説などを参考に意味を確認してください。この段階で「読めばわかる」ということを目標にします。

③実際に音読をしてみよう

テキストを見ながら、音読をしましょう。このときはテキストの音声に「重ねて」音読をするようにしてください。どうしてもお手本の音声通りにならず、言いにくいところが出てきます。なるべくお手本の音声と同じところで区切ったりするなどして、同じリズムで音読するように心がけてください。最初はうまく言うことができませんが、2、3回繰り返し行っていくと段々と慣れてきます。この段階でも完璧を目指さなくて大丈夫です。

ここまでで仕込みは十分ですが、入念な仕込みを行う場合は以下の④の手順も参考にやってみてください。

④ディクテーションをしてみよう

ノートを準備してください。テキストを閉じて、音声を聞きながら本文を書き取ってください。書き取れなかったところは何度も聞き直して完璧に近づけてください。もうこれ以上、何回聞いてもわからないというところはそのままにしておき、テキストを見ながら答え合わせをしてください。

少し大変かもしれませんが、この準備段階で本文の

音に慣れ、読んだら「意味がわかる」状態にしておきます。この段階でリスニング、さらにはリーディングの力を鍛えていることにもなります。音声を繰り返し聞くことで意味を把握する練習を行い、そして、書き取った英文を読むことにより、リーディングの練習も同時に行っているのです。

　さて、音読の「仕込み」が終わったところで、実際に音読を行いましょう。音読の練習は次のように行います。

音読の練習
①最後まで音読しましょう
　お手本の音声をしっかり聞いて英文を見ながら、発音、イントネーションに気をつけて最後まで音読しましょう。発音、イントネーションに気をつけることは英検の２次試験対策にもつながります。英検の面接試験に挑戦する人はこの段階を重点的にやりましょう。
②１文ずつお手本の音声を聞きましょう
　最初の１文目に戻りましょう。本文を目で追いながら音声を聞き、１文が終わったところで音声をストップします。
③英文を見ながら黙読をしましょう
　②のステップで聞いた１文の意味を考え、意味がわかったところで一度黙読します。
④黙読した英文を見ずに声に出してみましょう

目をテキストから離し、顔を上げて、少し間をおきます（3秒心のなかで数えるぐらいです）。そして、意味を思い出し、その英文を声に出します。なかなか言えない場合は本文を見ても良いのですが、句や節といった小さな単位に区切って黙読しましょう。そして再び、顔を上げて、間をおいてから英文を声に出します。

　終わったら、次の文に進み②〜④を繰り返していきます。この音読練習は "Read and Look up" と呼ばれるやり方で、比較的多くの中学や高等学校の授業で取り入れられている学習方法です。学校では先生の "Read" という指示で英文を黙読し、"Look up" と言われたら顔を上げ、少し間が置かれて "Say" の指示で英文を言うという活動をしていると思います。
　音読は、リスニングだけでなくリーディングのトレーニングになると先ほども触れたとおりですが、音声を聞き、実際に英語を口に出して言うことが「聞いて」「話す」ための重要なトレーニングとなるわけです。このトレーニングを地道に行うことで、自由な発話への一歩を踏み出せるのです。パターンプラクティスと合わせて学習に取り込んでみてはいかがでしょうか。

「音読筆写」に挑戦

　國弘先生は「只管筆写」も効果的な英語学習として

示されています。とにかく手を動かして書くことで、英語を体の中に染み込ませていく方法です。

　具体的には、read → look up → say の say を write に変えるだけです。テキストの英文を読み、頭の中で意味を確認します。そして、テキストから目を離し、少し間をおいてノートにその一文を書き写します。長い文で最後まで覚えていられないときは、もう一度英文を最初から読み、テキストから目を離して、間をおいてからノートに続きを書きましょう。ノートに書くときは心のなかで英文を言うか、実際に声に出しながら書いても構いません。声に出して読んで、覚えて、再び声に出して、書く、という一連の流れで進めることにより記憶に定着しやすくなるだけでなく、音と文字、意味をセットにした状態でインプットできます。

　受験勉強に直結させたい方には、「総合英語」と呼ばれる文法書の例文音声を題材にすることもおすすめです。根気よく学習を続けていけば、単語を覚え、リスニング力も向上し、基本的な文構造もわかるようになります。

スキマ時間を利用した音読学習

　やることがたくさんありすぎて、まとまった時間が取れない場合は、スキマ時間を使った学習も有効です。学習範囲を決めて自宅を出る前や通学中に文字を見ずにひたすら音声だけを聞きましょう。何度も繰り

返し聞くことで、わかるところとわからないところが出てきます。もやもやした気持ちを保ちながら、学校で本文を確認します。すると、「あ、なるほど、ここがわからなかったのか。この単語は、こんな意味だったのか。覚えておこう」とわからない点が明確になっただけでなく、理解へつなげることができます。そして帰宅したところで英文を再度確認して、音声に合わせた音読を行います。

　もちろん、本書で示す方法が絶対だということはありません。英語学習にはさまざまな方法があります。音読も「意味がわかる英文を使う」「自分で発音できる」「聞いて書き取れる」という3つのポイントを外さなければ自分なりの方法で学習しても構いません。

英語を聞けるようになりたい

　「英語のニュースを聞きたい」「映画を字幕なしで観たい」といった目標を持っている方も多いかと思います。

　聞き取りの難しさは、「自分のペースで聞くことができない」ことにあります。日常会話は次から次に単語が流れてきて、一時停止、巻き戻しをして再確認することはできません。「ええと、どんな意味だったかなぁ？」と考えているうちに、音声はどんどんと先へ行ってしまいます。聞いた音声を瞬時に意味と結びつけ理解をしていくという、かなり難しい作業が「リス

ニング」なのです。

　では、リスニング力向上のためにどうすればよいのでしょうか。単に聞き流すだけではなく、音読のところでもお伝えしましたが、文字、音、意味を結びつけていく学習をしなければならないのです。そのためには、自分のペースで再生したり、停止したりすることのできる教材を使うようにしましょう。聞き取れなかったところは、巻き戻したり、再生速度を遅くしたりするなどして確認していきます。

聞こえにくい音を理解するにも文法知識は大事

　何度も巻き戻しをしても、再生速度を遅くしても聞き取ることができない場合があります。

　オーストラリア留学中に「ハウズット・ゴーイン」（便宜上、発音記号ではなくカタカナで表記します）と学生同士で挨拶をしていました。私も「ハウズット・ゴーイン」と聞こえたとおりに発音して難なくコミュニケーションを取ることができました。さて、どのように英語では表記されるのでしょうか。答えは、How's it going? です。このときの it は「イット」と発音されることはありません。ほとんど聞こえないのです。どんなにゆっくり言っても「ハウズット・ゴーイン」であることには変わらず、「イット」という音は聞こえてきません。代わりに「ット」としか聞こえてこないのです。

つまり、英語には聞こえにくい音と、しっかり聞こえてくる音があるのです。さて、どのような語がしっかり聞こえて、どのような語が聞き取りにくいのでしょうか。

　英語の文のリズムは「強い」ところと「弱い」ところがあります。名詞、動詞、形容詞、副詞は強く発音されます。一方、代名詞、冠詞、接続詞、前置詞、be 動詞、助動詞などは名詞などと比べて情報量が少ないため、普通は弱く発音されます。

　先の How's it going? ですが、How is の is が be 動詞で弱く発音されますので、「ハウ・イズ」と発音されずに「ハウズ」となります。そして、it は代名詞ですのでこれも弱く発音され、前の語にくっついた感じで発音されます。ですので、聞き取りにくくなるのです。

　こうした聞き取りにくい単語が代名詞、冠詞、接続詞、前置詞、be 動詞、助動詞であるということがわかれば、聞き取れなくても「文法的に復元することが可能」なのです。たとえば、Let's ［キーピンタッチ］と聞こえたときの［キーピンタッチ］は keeping touch ではありません。Let's の後ろには「動詞の原形」が来ますので、keeping ではなく、keep だということがわかります。そうすると、［キーピン］と1語のように聞こえているのは、どうやら2語で、keep（　　）touch となっているということがわかります。つまり、この空欄に入る語がわかればいいのです。文法的

にこの空欄には前置詞の in が入ります。in touch で
「〜と接触して」という意味で、Let's keep in touch で
「接触している状態を保ちましょう」すなわち「これ
からも連絡を取りあいましょう」となります。

　このように聞き取りにくい単語があっても意味がわ
かるのは、文法的に補充をしているからなのです。で
すので、リスニングでも文法の基盤がしっかりしてい
なければならないのです。

TED を活用した学習

　TED（Technology Entertainment Design）を使ったリス
ニングの学習も効果的です。TED のウェブサイトで
無料公開されている TED Conference で行われたプレ
ゼンテーション動画を利用して学習をしてみましょう。

　TED Talks による学習の最大のメリットは、英語の
スクリプトに加え、日本語の翻訳がついているプレゼ
ンテーションが相当数利用できることにあります。独
学が続かなくなるひとつの要因に、自分自身の解釈が
正しいかどうか、確認する手段がなく、諦めてしまう
ことがあります。しかし、翻訳を頼りに学習を進めて
いくことで、自分の読みが正しいかどうかが常に確認
できるのです。

　テクノロジー、エンターテインメント、デザイン、
ビジネス、科学など、多岐にわたっているトピックス
から、自分の興味に応じたものを選んで学ぶことがで

きます。たとえば、世界中でロングセラーになっている、『FACTFULNESS』の著者であるハンス・ロスリング（Hans Rosling）氏や、マイクロソフト社の創業者のビル・ゲイツ（Bill Gates）氏など、誰でも知っている人たちのプレゼンテーションなどがあります。

　大人に向けたプレゼンテーションですので、話の内容は少し難しいところもありますが、何回も聞き直したり、スクリプトの英語を訳したり、時間をかけてじっくり学ぶことで内容もきちんと把握できるようになります。

　まずは TED のウェブサイトに行き、自分の気に入ったトピックを探しましょう。直感で構いません。選んだトピックの動画を字幕やスクリプト、翻訳を頼りに観て意味を確認しましょう。最初は大変かもしれません。しかし、繰り返し音声を聞いたり、何度も読み返すことで、文脈とセットにして単語や表現が頭に残ります。最後まで動画を学習するのは大変なので、気になったところだけ学習するのもよいでしょう。

子ども向けでやさしい TED-Ed

　それでも TED Talks のプレゼンテーションの英語学習はやはり難易度としては高めだと感じる方はいらっしゃると思います。また、20分近く動画を観る時間もないという方もいらっしゃるかもしれません。そうした方々には TED-Ed の学習が有効です。

TED-Ed は通常の TED Talks とは異なり、子どもたちが学習するために、5分程度のアニメーション動画でひとつのトピックを説明したものです。Art（美術）、Business & Economics（ビジネスと経済）、Health（健康）、Literature & Language（文学とことば）、Mathematics（数学）、Psychology（心理学）といった学校で学ぶような科目ごとに動画が整理されています。「地震発生のメカニズム」や「メルヴィルの『白鯨』について」、「なぜ割り算では0で割ることができないのか」などなど、面白い動画がたくさんありますので、自分の興味のある動画を見つけてみましょう。

　実際のプレゼンテーションではないので臨場感はありませんが、学校の授業を受けているような感じに加え、聞き取りやすいナレーションですので、発音、リズム、イントネーションを真似しながら身につけていく練習にも最適です。

　TED-Ed のウェブサイトから［Students Start Here］をクリックし、学習者用のページに行きます。そして、Subjects から興味のあるジャンルを選択して、動画を探しましょう。動画を閲覧した後に、［Think］をクリックすると動画に関連する問題が出題されます。

　TED-Ed は短い動画ですので、飽きることなく繰り返し学習をすることができます。まずは、音声とアニメーションを頼りに、全体の意味を把握することに努めてください。その後、英語字幕や日本語字幕を利用

して細部まで理解を深めていきましょう。理解できた英文を音読して表現を定着させるような学習を進めていくことができます。

TED-Ed を活用した学習の一例
①動画を見ながら全体の意味を把握しましょう。
②［Think］をクリックして問題演習をしてみましょう（飛ばしても構いません）
③ある程度の意味がわかるようになったところで、英語字幕にして再度動画をみてみましょう。
④字幕を日本語に直して、再度動画を見てみましょう。
⑤ YouTube の TED-Ed から「文字起こし」を利用して、英語のスクリプトを音読したり、日本語に訳して意味を確認しましょう。
⑥再度、動画を見て内容を確認しましょう。

英語の「かたち」を見抜くトレーニング8題

問題1　次の文は5通りの解釈ができます。5つ挙げてみてください。

Time flies like an arrow.

［解答と考え方］
ここでは、文型と品詞の理解を確認します。

① 「**光陰矢の如し**（時は矢のように飛ぶ）」

（主語）<u>Time</u>（動詞）<u>flies</u>（前置詞句）<u>like an arrow</u>.

　この文は、主語が Time（時）、動詞が flies（飛ぶ）で like が前置詞で「〜のように」an arrow が前置詞 like の目的語になっています。ここで like に注目します。I like apples. のように like には「〜を好む」という動詞のはたらきもあります。動詞の場合はかならず後ろに「目的語」として名詞が置かれます。I like.（私は好きです）では「何が好き」かわかりません。この「何が」に相当するものが「目的語」と呼ばれる名詞（相当語句）なのです。そこで、ふたつ目の解釈は次のようになります。

②「トキバエは矢を好む」

(主語) <u>Time flies</u> (動詞) <u>like</u> (目的語) <u>an arrow</u>.

　これは、like を動詞として考えた場合、主語は Time flies という（架空の）ハエの一種で「トキバエ」、like の目的語に an arrow（矢）が来ていると考えます。他にこの文で動詞にすることができる語がもうひとつあります。どれだかわかりますか？　それでは3つ目の意味を考えてみましょう。

③「矢（の速度）を測るように、ハエ（の速度）を測りなさい」

(動詞) <u>Time</u> (目的語) <u>flies</u> （(前置詞) <u>like</u> (前置詞の目的語) <u>an arrow</u>).

　Time という語に「動詞」の役割があることを知っていらした方は、かなり英語を学んでいる方ですね。time は他動詞で「～の速度を測定する」という意味があります。他動詞ですので、後ろに目的語（名詞）が必要となりますから、flies はここでは名詞として「ハエ」の意味になるのです。すると、この文には接続詞がありませんので、like は動詞にはなりません。①と同じく「矢のように」という前置詞のカタマリができ、「矢のようにハエを測りなさい」という意味になります。しかし、これにもふたつの解釈があります。「あなたが矢を測るように、ハエの速度を測りなさい（Time flies as you time an arrow.）」ともうひとつの意味があります。それが4つ目です。

④「矢が速度を測るように、(あなたが) ハエの速さ
を測りなさい」

(動詞) Time (目的語) flies (前置詞) like (前置詞の目的語) an arrow).
　③と同じ構造ですが、意味が違います。それは like
an arrow の意味を Time flies as an arrow times flies. と捉
えているからです。ちょっと「こじつけ？」と思われ
るかもしれませんが、文法的にはこのように考えるこ
とも可能なのです。

⑤「矢に似ているハエを測りなさい」

(動詞) Time (目的語) flies (前置詞) like (前置詞の目的語) an arrow).
　like an arrow という前置詞句は「副詞的に動詞を修
飾」するパターンと「形容詞的に名詞を修飾する」パ
ターンがあります。ここでは、名詞 flies を修飾し
「矢のようなハエ（矢に似ているハエ）という意味とし
て考えます。もちろん、矢に似ているハエが現実にい
るかどうかは別ですが、文法的にこのように解釈する
ことができるのです。正しく英文を読む際には、現実
世界にトキバエがいるかどうかという判断をするので
はなく、英文に向き合い、その意味を「文法的に」正
確に読み取れるようにしなければなりません。

問題2　次の文はふたつの意味で解釈することができ
ます。それぞれ挙げてみましょう。
Flying planes can be dangerous.

[解答と考え方]

　ここでは flying という〈動詞の ing 形〉についての知識を確認します。

①「飛行機を飛ばすことは危険である」

　flying を動名詞として捉えると flying planes は「飛行機を飛ばすこと」という意味になります。〈動詞の ing 形〉には動名詞としての役割があります。たとえば、Seeing is believing. という文の主語は seeing で「見ること」という意味を持つ動名詞です。そして、補語には believing という動名詞で「信じること」という意味で使われています。この文は「百聞は一見にしかず」という意味を持っています。

　fly は他動詞で「～を飛ばす」という意味ですので、その後ろに来ている名詞 planes は動名詞 flying の目的語になっています。しかし、fly には「（主語が）飛ぶ」という自動詞の用法もあります。それがふたつ目の解釈になります。

②「飛んでいる飛行機は、時として危険です」

　ここでの flying は現在分詞の形容詞的用法で名詞の planes を修飾しています。たとえば、Rolling stones gather no moss. という文の rolling は現在分詞の形容詞的用法で stone を修飾しています。意味は「転がっている石には苔は生えない」ですが、ことわざとして

「転がる石に苔むさず」という意味で理解している方が多いと思います。

　Flying planes can be dangerous. は文のあいまい性・多義性を論じる際によく用いられる例文ですが、助動詞の can が使われていることが実はポイントです。can を使わずに表現すると、それぞれ【動名詞】Flying planes is dangerous. /【現在分詞】Flying planes are dangerous. となるため、主語が単数なのか複数なのかによって区別が可能になります。

問題3　次の文の意味は何でしょうか？
The boy raced past the building fell.

［解答と考え方］
　この文を、前から「素直」に「その男の子はその建物を走って通り過ぎた…」と読んでいくと、最後に fell という過去形の動詞が登場してずっこけてしまいますね。そこでは、次のように考えていたと思います。

(主語) <u>The boy</u> (動詞) <u>raced</u> （(前置詞句) past the building） fell.

　fell は動詞の過去形ですので、「主語」が必要になります。そこで、最初に戻って考え直さなければなりません。まずは、the boy は〈冠詞＋名詞〉ですので、主語としましょう。次の raced ですが、先程はこ

れを「過去形の動詞」と考えていたので、考え方を改めましょう。語尾がedになる動詞の活用形は「過去形」と「過去分詞形」の可能性がありますので、今回は「過去分詞形」と考えを修正します。raceという動詞は「...を走らせる」という意味で「他動詞」です。そうすると［名詞＋他動詞の過去分詞］となっている場合は「〜されている名詞」という意味になりますので、「走らされている男の子」とします。さらにpast the buildingという前置詞句は前のracedを修飾し「建物のそばを走らされている男の子」という意味のかたまりとして捉えることができるはずです。そうすると、主語（正確には主部）はThe boy raced past the buildingとなると考えることができそうですね。

(主語) <u>The boy</u> (過去分詞) <u>raced</u> （(前置詞句) past the building）
(動詞) <u>fell</u>.

　最後にfellという動詞が置かれていますが、これは「（主語が）転倒する」という自動詞になります。これは、「第1文型」の文で、**「その建物のところを通り過ぎるように走らされた男の子が転倒しました」**という意味になります。

　このような「素直な読み」をすると途中で袋小路に迷い込んでしまう文のことを、「袋小路文」（garden-path sentences）と呼びます。そこで、いくつか「袋小

路文」を使って文法的に英語の意味を捉えていく問題を解き、英語の構造把握に挑戦してみましょう。

問題4　次の文の適切な場所に that を入れてみましょう。

My father told me a little white lie will come back to haunt me.

　先程の例とは異なり、この文の told は動詞の過去形ですが、My father told me a little white lie ... の時点で「父は私にちょっとした罪のない嘘をつきました」と理解していると、袋小路に迷い込んでしまいます。そこで、me と a little の間に that を補って考える必要があります。つまり、My father told me (that) a little white lie will come back to haunt me. という構造になっており、「父は私に that 以下のことを教えてくれた」という枠組みです。全体としては「**父は私に、ちょっとした罪のない嘘をついたとしても、跳ね返ってきて、自分を悩ませることになると教えてくれました**」という意味になりますね。

問題5　次の文の意味を考えてみましょう。

The government plans to raise taxes were defeated.

　この文の主語と動詞はどれでしょうか？　The government plans to raise taxes... の時点では「政府は税金を上げることを計画している」という意味だと考えられます。しかし、その後に were が出てきて「主語はどこ？」という状態に陥ってしまいますね。were の主語になれるのは名詞の複数形ですので、それを探すと taxes が直前にあります。しかし「税が頓挫した」では意味として通じませんので、taxes を主語にするのは難しそうです。taxes は to 不定詞の部分に用いられている他動詞 raise の目的語でもあります。すると、今度は the government を主語にできるかと考えるのですが、さすがに名詞の単数形を were で受けることはできません（仮定法だとしたら可能性がありますが……）。

　実は、この文の主部は the government plans to raise taxes「政府の増税計画」という部分です。to raise taxes は、plans を修飾する形容詞用法の to 不定詞です。つまり、この文は **「政府の増税計画は頓挫した」** という意味だったわけです。

問題 6　次の文の意味を考えてみましょう。
Until the police arrest the gangs control the street.

　こちらの文はどうでしょうか？　until を接続詞、the police を主語、arrest を動詞、the gangs を目的語とすると「警察がギャングたちを逮捕するまで」と読む

ことができます。しかし、そこで control the street という〈動詞＋名詞〉が出てきたところで、解釈が行き詰まってしまいます。この時点で読みの修正をしなければなりません。「本動詞の前には必ず主語がある」ということを考えると、主語は the gangs がふさわしいですね。では、残った、until the police arrest はどのように考えますか？　the という限定詞が支配する領域は「名詞が出てくるところ」までですので、the police で意味を区切ってしまうと、arrest の行き場が失われてしまいます。

　実は、この文では the police arrest が「警察の逮捕」という名詞句のかたまりをつくっているのです。until を前置詞とし、その後に名詞句が来ていて、それが arrest までとなり、「警察の逮捕まで」という意味になるのです。ということで、この文の意味は **「警察の逮捕まで［警察によって逮捕されるまでは］、ギャングたちは通りを我が物顔で跋扈する」** となります。

問題7　次の文の意味は？

Kazu gave his son the dog bit a bandage.

　give の間接目的語を his son だと捉えてしまうと、Kazu gave the child the dog... で「カズは息子に犬をあげた」となり、後の bit a bandage という部分が「余って」しまいます。つまり、これは、「名詞句のかたま

り」を正確に捉えられていないということに他なりません。his son と the dog の間に関係詞を補い、his son [that] the dog bit という構造だと考えると、文の意味を正しく理解できるようになります。すなわち〈give A B〉の A に当たるのが his son the dog bit「その犬が嚙んだ彼の息子」というかたまりであり、B に相当するのが a bandage「絆創膏（ばんそうこう）」ということになり、全体としては「カズは犬に嚙まれた息子に絆創膏をあげた」という意味になります。

問題8　以下の文の that の役割と意味を考えてみましょう。

That boy said that that that that that girl used in that sentence was wrong.

　説明のために番号を振ってみます。また、よりわかりやすくするために引用符も入れてみました。

　① That boy said ② that ③ that ④ "that" ⑤ that ⑥ that girl used in ⑦ that sentence was wrong.

　①の that は boy にくっついて「あの男の子」となるので、指示形容詞ですね。同様に⑥も girl にくっついて「あの女の子」となる指示形容詞です。②は said という他動詞の後ろに目的語となる節をとる接続詞です。③は「あの」という指示形容詞、④ that という単語そのもの、⑤は that girl used の目的語部分がありま

110

せんので、関係代名詞になります。そして⑦は sentence を説明しているので、指示形容詞になります。意味は「あの男の子は、あの女の子があの文の中で使った、あの that は間違えていると言った」となります。

パート 2

スピーチの英語を読む

第5章　一文ずつ丁寧に読んでみる

　この章ではスピーチの英語を読むことに挑戦していきます。

　スピーチは本来「読む」ものではなく、「聞く」ものです。しかし、「聞いて理解できる」ためには、その前に「読んで理解できる」というステップが必要になります。読んで意味のわからないものは、いくら聞いても理解できるようにはならないのです。まずは、「ゆっくり考えながら読めばわかる」という段階まで到達しなければなりません。

　文章の意味がわかったところで、音読に進みます。音読の際には、まずはそれぞれの語句をはっきりと発音する必要がありますので、音声を聞いて発音を確認しましょう。発音ができるようになったところで、意味を考えながら音読をすることで、英文がだんだんと体の中に入り込んできます。最後に、何も見ないでスピーチを聞いて意味を把握してみましょう。

①スピーチ全体を聞いてみましょう。
②全体の雰囲気を掴（つか）んだところで、1文1文、丁寧に意味を考えてみましょう。
　1日に全部まとめて学習するのではなく、ゆっくり

とひとつふたつの文でも構いませんので、まずは頑張って日本語に直してみましょう。その際に注意すべきポイントを設問として提示してありますので、設問に答えながら日本語の意味を考えてください。「総合英語」の本や英和辞典などのツールを活用してみましょう。

　ひとつの文を理解するのに時間がかかっても構いません。自分が分からない英単語をとにかく調べて、考えてください。遠回りのように思えるかもしれませんが、実はこれが英語学習として効果的なのです。

　設問の解説を読んで、理解不足だと感じた場合には、手元にある文法に関する参考書などで該当箇所を調べてみましょう。

③自分の訳と模範の訳を照らし合わせて、問題がなければ学習した英文の音読をしましょう。

　音読の方法は90ページを参考にしてください。

④最後に学習した範囲のスピーチを何度か聞いてください。

　意味を考えながらでもいいですし、スピーチに合わせてシャドーイングをしても構いません。

「聞いて理解できる」を目指そう

　まずは、語彙や文法知識を総動員して、ゆっくり自分のペースで読む練習をしましょう。返り読み（英文に一度最後まで目を通してから訳し上げていく読み方）

もせず、論旨を見失わず難なく読めるようになれば、「聞いて理解できる」ようになります。そのためには徹底的に1文ずつ理解をし、読み方を内在化させていきます。だんだんと慣れてくると、文法を意識せずに読めるようになります。

　そこで、2014年に女優のエマ・ワトソンさんが国連で行ったスピーチを題材に、「どのように読めばいいのか」、「読むとはどのような頭の働かせ方をすべきか」を解説していきます。英語の基本ルールが理解できていれば、こうしたスピーチもちゃんと読めるということを説明していきたいと思います。

　まずは、スピーチ全文を以下に載せます。Youtubeに国連がアップしたスピーチ動画がありますので、そちらもご覧ください。国連のサイトにあるスピーチのスクリプトと、動画での発言内容に違いがあるので、その部分は動画の発言内容に差し替えています。

動画の URL
https://www.youtube.com/watch?v=gkjW9PZBRfk

Emma Watson:

Gender equality is your issue too

Today, we are launching a campaign called "HeForShe." I am reaching out to you because we need your help. We want to end gender inequality, and to do this we need everyone involved.

This is the first campaign of its kind at the UN. We want to try and galvanize as many men and boys as possible to be advocates for change. And we don't just want to talk about it, we want to try and make sure it is tangible.

I was appointed as a Goodwill ambassador for UN women six months ago. And the more I have spoken about feminism the more I have realized that fighting for women's rights has too often become synonymous with man-hating. If there is one thing I know for certain, it is that this has to stop.

For the record, feminism by definition is: "The belief that men and women should have equal rights and opportunities. It is the theory of the political, economic and social equality of the sexes."

I started questioning gender-based assumptions a long time ago. When I was eight, I was confused at being called "bossy," because I wanted to direct the plays we would put on for our parents, but the boys were not. When at 14, I started to be sexualised by certain elements of the media. When at 15, my girlfriends started dropping out of their beloved sports teams because they didn't want to appear "muscly." When at 18, my male friends were unable to express their feelings.

I decided that I was a feminist and this seemed uncomplicated to me. But my recent research has shown me that feminism has become an unpopular word. Women are choosing not to identify as feminist. Apparently, I am among the ranks of women whose expressions are seen as too strong, too aggressive, isolating and anti-men, unattractive even. Why has the word become such an uncomfortable one?

I am from Britain, and I think it is right that I am paid the same as my male counterparts. I think it is right that I should be able to make decisions about my own body. I think it is right that women be involved on my behalf in the policies and the decisions that will affect my life. I think it is right that socially I am afforded the same respect as men. But sadly, I can say that there is no one country in the world where all women can expect to receive these rights. No country in the world can yet say that they have achieved gender equality.

These rights I consider to be human rights but I am one

of the lucky ones. My life is a sheer privilege because my parents didn't love me less because I was born a daughter. My school did not limit me because I was a girl. My mentors didn't assume that I would go less far because I might give birth to a child one day. These influencers were the gender equality ambassadors that made me who I am today.

They may not know it, but they are the inadvertent feminists who are changing the world today. We need more of those. And if you still hate the word, it is not the word that is important, it's the idea and the ambition behind it. Because not all women have received the same rights that I have. In fact, statistically, very few have been.

In 1997, Hilary Clinton made a famous speech in Beijing about women's rights. Sadly many of the things she wanted to change are still true today. But what stood out for me the most was that less than 30 per cent of the audience were male. How can we affect change in the world when only half of it is invited or feel welcome to participate in the conversation?

Men, I would like to take this opportunity to extend your formal invitation. Gender equality is your issue too. Because to date, I've seen my father's role as a parent being valued less by society, despite my needing his presence as a child as much as my mother's.

I've seen young men suffering from mental illness unable

to ask for help for fear it would make them less of a man, or less of a man. In fact in the UK suicide is the biggest killer of men between 20-49, eclipsing road accidents, cancer and coronary heart disease. I've seen men made fragile and insecure by a distorted sense of what constitutes male success. Men don't have the benefits of equality either.

We don't often talk about men being imprisoned by gender stereotypes but I can see that they are and that when they are free, things will change for women as a natural consequence. If men don't have to be aggressive in order to be accepted, women won't feel compelled to be submissive. If men don't have to control, women won't have to be controlled.

Both men and women should feel free to be sensitive. Both men and women should feel free to be strong. It is time that we all perceive gender on a spectrum instead of two sets of opposing ideals. If we stop defining each other by what we are not and start defining ourselves by who we are—we can all be freer and this is what HeForShe is about. It's about freedom.

I want men to take up this mantle, so that their daughters, sisters and mothers can be free from prejudice but also so that their sons have permission to be vulnerable and human too, reclaim those parts of themselves they abandoned, and in doing so, be a more true and complete version of themselves.

You might be thinking, "Who is this Harry Potter girl? And what is she doing speaking at the UN?" And it's a really good question. I have been asking myself the same thing. All I know is that I care about this problem. And I want to make it better. And having seen what I've seen, and given the chance, I feel it is my responsibility to say something. Statesman Edmund Burke said, "All that is needed for the forces of evil to triumph is for good men and women to do nothing."

In my nervousness for this speech and in my moments of doubt, I've told myself firmly, "If not me, who? If not now, when?" If you have similar doubts when opportunities are presented to you, I hope that those words will be helpful. Because the reality is that if we do nothing it will take 75 years, or for me to be nearly a hundred before women can expect to be paid the same as men for the same work. Fifteen point five million girls will be married in the next 16 years as children. And at current rates it won't be until 2086 before all rural African girls can have a secondary education.

If you believe in equality, you might be one of those inadvertent feminists that I spoke of earlier. And for this I applaud you. We are struggling for a uniting word but the good news is that we have a uniting movement. It is called

HeForShe. I am inviting you to step forward, to be seen and to ask yourself, "If not me, who? If not now, when?"

Thank you very, very much.

----

　① <u>Today</u>, we ② <u>are launching</u> a campaign ③ <u>called</u> "HeForShe."

［語句］
launch（動詞）:（事業やプロジェクトなどを）始める
campaign（名詞）:〔目的達成のために熱心に行われる一連の〕組織的運動［活動］

［問題］
①なぜ文頭に today が置かれているのでしょうか？
②なぜ are launching と「現在進行形」になっているのでしょうか？
③called は「過去形」それとも「過去分詞形」ですか？

［解答と考え方］
①本来は today や yesterday といった「時」を表す副詞は文末に置かれる傾向にありますが、ここでは文頭に来ています。スピーチや授業の開始時に、「さて、

今日は〜についてお話しします」と言うことがあります。文頭に時を表す副詞的表現を置くことで、これから述べることの前提となる「時」を示すことになります。

　他にも「強調」を表すこともあります。Yesterday I went to the park. とすると、「普段は公園にはいくことがないが、昨日は公園に行った」という意味内容を含むことがあります。ここでは、「ついに今日」というような感じで使われていますね。動画で確認してほしい点は、Today と言った後、小休止がありました。ですので、みなさんが音読をするときは、Today の後は少しだけ「間」を置いて、残りの部分を一息に言えるように練習してみましょう。today が文末に置かれ、We are launching a campaign called "HeForShe" today. となると、「HeForShe と呼ばれるキャンペーンを始めたのは今日である」というような意味になります。

②現在進行形は（1）「現在進行中の動作、状態」、（2）「変化の途中」、（3）「現在の反復的動作」（4）「確定した未来、予定」という主に4つの意味を表します。ここでの**進行形は、「現在進行中の動作、状態」を表し、「ちょうど、今、ここで HeForShe キャンペーンを発表します」というように、本題に入る合図になっています。**

③「**過去分詞形**」です。基本 5 文型を思い出してみましょう。接続詞や関係詞を含まない単文では「時制を持った動詞」は原則 1 回しか使えません。そうすると、すでに「現在形」の are が出ているので、この文の核となる動詞は are launching だと分かります。ですので、この called は文の核となる「過去形」の動詞ではなく、「過去分詞形」として「呼ばれる」という意味を持つことが分かります。ここでは、過去分詞の called が a campaign を修飾して「HeForShe <u>と呼ばれる活動</u>」となりますね。

［和訳］

　ついに今日、私たちは「HeForShe」と呼ばれる活動を始めることとなりました。

　I ① am reaching out to ② you because we need ② your help.

［語句］

reach out to 人：人に対して手を差し伸べる、人に理解を求める

［問題］
①なぜ am reaching と「現在進行形」になっているのでしょうか？
②この you と your は誰のことでしょうか？

［解答と考え方］
①今、目の前で起きていることを描写するためです。
現在進行形は、目の前で起きていることを描写するにはピッタリの表現方法です。今、自分のやっていることをはっきり伝えるということは、その内容を聞き手にしっかり伝えたいというときです。ですので、ここでは「今、まさに皆さんたちに理解を求めようとしているところです」ということを伝えています。

②スピーチを聞いている人たちのことです。聞き手である「聴衆」に向けて you と呼びかけています。「あなたたち」と訳すのではなく、「みなさん方」のほうがしっくり来ると思います。このように、スピーチの途中で、聞いている人たちへの「呼びかけ」を入れることで、一体感をもたらすことがあります。興味をもって聞いてもらいたいという意識が表されています。

［和訳］
　私は皆さんに理解を求めています。というのも、私たちは皆さんの助けが必要だからです。

We ① want to end gender inequality, and ① to do ② this we need everyone involved.

[語句]

end（動詞）：〜を終わらせる

gender inequality：性的不平等（男女という性別のみを理由に不平等な扱いを受けること）

be involved in：（人が）〜に関わる

[問題]

① 2つの to 不定詞（to end、to do）の用法は何でしょうか？

② this we need の this の役割は何でしょうか？

[解答と考え方]

① to end は名詞的用法、to do は副詞的用法になっています。want to end gender inequality の部分は、動詞 want の目的語（名詞的用法）として「〜することをしたい」と読みます。to 不定詞の基本は、「まだ行われていない」事柄を表わします。ですので、この段階では gender inequality、男女が不平等であるという状況が「終わっていない」ため、それを終わらせたいという考えを伝えています。

②ここでは to do this の後に we need と主語と動詞が展開していることがヒントになります。そこで、to do this について考えてみましょう。この **this は動詞 do の目的語**になっています。つまり、「それを」という意味になる指示代名詞です。この this は何を指すのでしょうか。それを突き止めるには接続詞の and に注目をする必要があります。and は等位接続詞で「等しいものを結ぶ」のが原則です。

　ここでは、等位接続詞の and が want to end gender inequality の to end と to do this を結ぶと考えてしまわないように注意が必要です。これでは「ジェンダーの不平等を終わらせたいと思っており、それをしたい」のような繰り返しになってしまいます。そこで別の可能性を考えてみましょう。and が We want to end ... と we need everyone to be involved ... を結んでいる、ということです。

　このように考えることで、gender inequality の部分でいったん区切られていて、to do this が独立した句であることが分かります。to 不定詞が独立した句である場合、それは「副詞的用法」の to 不定詞になります。つまり、<u>this は「代名詞」で直前の「名詞」の gender inequality を受け、to do は to end ... を受けます</u>。従って to do this は「それ（ジェンダーの不平等）を終わらせるために」という意味で捉えることができるのです。

次の involved を見ていきましょう。ここでは、〈need 人 to do〉という形がもとになっており to be が省略されていることに気がつく必要があります。意味は「人が〜することが必要である」となります。そうすると、5文型で考えると need が動詞、everyone が目的語、（to be）involved が補語になっています。そして、involved の後ろに in the campaign が省略されていますので、「この活動にみなさんが関わることが必要だ」という意味になります。

［発展］
　類似する語法として次のようなものがあります。

・allow O to do（O が〜するのを許す）
・ask O to do（O に〜するよう頼む）
・cause O to do（O が〜するのを引き起こす）
・enable O to do（O が〜するのを可能にさせる）

　もともと to 不定詞の to は方向を表す前置詞の to でした。そのため、「〜することに向かっていく」というイメージがあります。ですので、これらの表現にはすべて「人」を「〜する方向に向かわせる」というニュアンスが含まれています。たとえば、Our teacher allowed us to go home. は「私たち」を「家に帰らせる方向に向かわせる」というイメージが下敷きとなって

いて、「私たちの先生は、私たちが家に帰ることを認めた」といった意味になります。

[和訳]
　私たちは、ジェンダーの不平等を終わらせたいのです。そしてそれを実行する（行う）ためには、皆さんが関わることが必要なのです。

This is the first campaign of its kind at the UN. We want to ① try and galvanize as many men and boys as possible to be advocates for change.

[語句]
galvanize（人）to do：人が〜するように駆り立てる
advocate：支持者

[問題]
① try and の意味は何でしょうか？

[解答と考え方]
①「〜しようと（努力）する」
〈try and 動詞〉の形で「〜しようと（努力）する」という意味で try to do に近い意味で使われます。try の

「試しにやってみる」という意味が薄れた表現になっています。たとえば、I want to try and visit Kyoto this summer. は「私はこの夏に京都を巡ってみたい」という意味ですね。本文では want to try and galvanize ですので、「多くの人たちがこの活動を支持したいと思えるような人になってもらいたい」といった意味になります。

[和訳]

　これはこの種としては国連では初めてのキャンペーンなのです。このキャンペーンには、できるだけ多くの男性や少年たちに変革の賛同者になってもらいたいのです。

And we don't just want to talk about ① it, we want to try and ② make sure ① it is tangible.

[語句]
tangible：触れられる、明らかな、実体のあるもの

[問題]
① 2回出てくる it はそれぞれ何を受けていますか？
② make sure の意味は何でしょうか？

［解答と考え方］

①代名詞の it はどちらも change を受けています。it は「前に出てきた名詞」、「前の文全体」を受ける役割があります。その他にも、天気や距離を表す際の文の主語としての it、強調構文の主語の it、形式主語の it などがあります。この it がどのような役割を持っているのかについて、常に意識をしながら読むようにしましょう。

②「必ず〜する」

〈make sure that S+V〉で「S + V を確かめる」という意味もありますが、ここではもうひとつの意味である、「必ず〜する」のほうが文脈に即しているといえます。make sure it happens「必ず実現させる」と同じような使い方で、必ず実体のあるものにするということを伝えています。

［和訳］

　そして、私たちはそのことについて単に話すだけではなく、必ず実体のあるものにしたいのです。

　I was appointed as a Goodwill ambassador for UN women six months ago. And ① the more I have spoken about feminism the more I have realized that fighting for women's rights ② <u>has too often become</u> synonymous with man-hating.

［語句］

was appointed as〜：〜として任命された

Goodwill ambassador for UN：国連親善大使

synonymous：同義

［問題］

① the more の意味は何でしょうか？

② has ... become の主語は何でしょうか？

［解答と考え方］

① **「〜すればするほど」**

the more と出てきたら、〈the more S₁＋V₁〜the more S₂＋V₂〉（S₁ が V₁ すればするほど、S₂ は V₂ する）というパターンを予測してください。<u>the more</u> I have spoken about feminism をまとめて「私がフェミニズムについて話をすればするほど」という意味になります。

② **fighting for women's rights が主語**です。fighting という動名詞が主語になっているパターンです。動詞 realize の目的語が that 節になっていて、その節の中が fighting for women's rights has too often become synonymous with man-hating has too often となっています。**英文が動詞の -ing 形から始まると、基本的には「分詞構文」と「動名詞」、「後ろの名詞を修飾する現在分詞の形容詞的用法」のいずれかとして機能します。**ここでは、has too often と続くため、「主語」が必要になるわけですから、その主語が fighting for women's rights であると考えます。

[和訳]

　私は 6 ヶ月前に国連の親善大使として任命されました。私がフェミニズムについて話をすればするほど、女性の権利のために闘うことは、男性嫌悪と大抵の場合は同義になっていることに気がつくようになったのです。

　If there is ① one thing I know for certain, ② it is that this has to stop.

[語句]

for certain：確かに

[問題]

① one thing I know の間に省略されている語を補って

ください。

② it is that this の it と this の役割は何でしょうか？

[解答と考え方]

① **one thing [that / which] I know** となります。one thing I know は one thing [that] I know というように、目的格の関係代名詞が省略されています。1文の中で、すでに主語と動詞のセットが出てきている（今回は（S）there（V）is ...）のにもかかわらず、別の主語と動詞のセットが出てきたら関係代名詞の省略の可能性を視野に入れながら読むようにしましょう。

　ここでは是非、動画の音声を確認してください。**彼女がこの関係詞の省略部分で一呼吸おいています。**その呼吸部分があることで、聞き手に対して「補足するよ」という合図になっているのです。ですので、この部分はしっかり音声を聞き、音読をして、同じようなリズムで発話できるように体得したい部分です。音読の練習が「惰性」になってしまうと、区切りが曖昧になってしまいます。「意味の区切り」と「音の区切り」が一致するように練習してください。

② **it は前に出てきた one thing I know for certain を受ける代名詞**です。文頭に it が出てくる主なパターンは次の通りです。

（1）前に出てきたことを受ける代名詞：「それ」

（2）後ろに出てくる to 不定詞、動名詞、または that S + V ... を指している：形式主語の it

（3）天気や時間を表す it

（4）強調構文の it（it is ... that ～）

　ここでは 1 か 2 のパターンのいずれかになりますね。形式主語だとしたら、〈It is 形容詞・名詞 that/ to do/ doing〉という形になります。ここでは、it is that this has to stop となっており、that 節の前に名詞や形容詞がありませんので、形式主語の it ではありません。そこで、この it は前に出てきた内容を受ける it だと考えます。主語の it は「私が確実に知っているひとつのこと」を受け、それが「that 節以下のことである」という展開になっています。that 節内の**主語の代名詞 this は先行する文脈「女性の権利を求めて戦うことが、男性敵視と同じことだと思われてしまうこと」を受けていて、それを終わらせなければならない、というのがこの文の意味になります。**

［和訳］

　もし、私が確実に知っていることがひとつあるとするならば、それは、これを終わらせなければならないということです。

For the record, feminism by definition is: "The belief ①
that men and women ② should have equal rights and op-
portunities.

［語句］
for the record：はっきり言って、実際には、念のため
に言うと、ちなみに
by definition：定義上は

［問題］
① that の用法は？
② should を had better に書き換えるとどのような意味
の違いが生じますか？

［解答と考え方］
①**同格の that です**。文中に that が出てくるときにつ
いてまとめておきます。

（1）指示代名詞
（2）関係代名詞（前の名詞を that 以下で修飾する。前の
名詞を that 以下の「主語」もしくは動詞、前置詞の後ろの
「目的語」に戻すことができる）
（3）関係副詞
（4）強調構文　It is X that ... の形で X の部分を that 以
下に戻すことができる。

（5）形式主語　It is 形容詞　that 主語＋動詞の形になっている。

（6）相関構文　so 形容詞 that ...　もしくは　such 名詞 that ... の形になっている

（7）同格の that

　この場合、that の直前の名詞には次のようなものが来ることが多く、ある程度のパターンが存在しています。advice, belief, complaint, feeling, insistence, thought といった、後ろに that 節を取ることのできる他動詞が名詞になったものや、idea, information, rumor など **「考え」や「情報」** を表す名詞なのですが、こうした名詞の次に that が出てきたら、**「この that は同格だな」** と考えられるようにしておきましょう。

　本文に戻ってみましょう。The belief that（〜という考え、信念）となっているため、この that は「同格」です。同格の that 以下には主語と動詞が出てきますので、主語と動詞が出てくることを予測しながら読み進めていくことになります。

② had better にすると **「強制力」が強まり、上から目線のように相手に感じさせてしまいます。** Should は聞き手に対して「強制力」を感じさせることはありません。ここで、聞き手に押し付けるような表現を使ってしまうのはこの文脈にそぐわないですよね。

［和訳］

　ちなみに、定義上、フェミニズムというのは、男性と女性が平等な権利と機会を持つべきだという考えのことです。

----

　①It is the theory of the political, economic and social equality of the sexes."

［語句］
theory：理論

［問題］
①この文の it の役割は何でしょうか？

［解答と考え方］
①指示代名詞として feminism を受けています。「それは the theory（理論）である」といっているわけです。どのような理論かについては、of 以下で説明します。of 以下は the political, となっていますが、the という定冠詞が出てきたら名詞が出てくるのを予測し、the ... 名詞でひとつのかたまりを作る意識を持ちましょう。そうすると、political は語尾が al なので形容詞だと分かり、「政治の、政治に関する、政治的」

などという意味だと判断できます。political の後ろの
カンマは後ろの and と結びつき、〈A, B, and C〉と
「列挙」するときに使われるものです。ここでは、po-
litical, economic and social と形容詞が 3 つ並び、equali-
ty of the sexes（男女平等）という名詞のかたまりを修
飾しています。

［和訳］
　それ（＝フェミニズム）とは、政治的、経済的そし
て社会的な男女平等の理論なのです。

第6章　文章の流れを意識して読む

　ここまでは1文ずつ考えてきました。それぞれの英文の意味をしっかり理解できたところで、動画を見たり音声を聞いたりしてここまでの内容を確認してください。そして、自分がスピーチをするように、音読をしてみましょう。何度か音読を繰り返してくると、英文が体の中に入ってきます。学習の初期段階では、一日1、2文程度でも構いません。とにかく意味がしっかりわかっている英文を使って練習してください。

　ある程度、音読に慣れてきたところで、1文単位ではなく、文章の流れを意識しながら読み、内容理解をする練習をしていくことにしましょう。

I started questioning gender-based assumptions a long time ago. When I was eight, I was confused at being called "bossy," because I wanted to direct the ① plays we would put on for our parents, but the boys were not. When at 14, I started to be sexualised by certain elements of the madia. When at 15, my girlfriends ② started dropping out of their beloved sports teams because they didn't want to ③ appear "muscly." When at 18, my male friends were unable to express their feelings.

[語句]

gender-based assumptions：性別に基づく・起因する思い込み、決めつけ

was confused at：〜に困惑した

bossy：生意気、でしゃばり

put on：〜を上演する

certain elements of the media：ある一部のメディア

beloved：大切な

muscly：マッチョな

were unable to：〜することができなかった（be able to の否定）

[問題]

① plays の品詞と意味は何でしょうか？

② started dropping out of their sports teams とはどのような意味でしょうか？

③ appear の意味は何でしょうか？

[解答と考え方]

① **plays の品詞は名詞で、意味は「芝居」「劇」です。** play は「動詞」もありますが、ここでは the plays なので「名詞」になっています。I wanted to direct the plays（私は芝居の演出をしたかった）に続けて we would put on for our parents という主語と動詞を含んだ文が出てきました。そして前置詞 on の後ろには本来なければならない「目的語」がありませんので、the play (that) we put on for our parents と**関係代名詞の that が省略されている**ことに気付けるようにしましょう。

　ちなみに、8歳の時に bossy、すなわち「生意気」と呼ばれて困惑したとありますが、この bossy という語は「ハリー・ポッター」シリーズにエマ・ワトソンさん演じるハーマイオニー・グレンジャーが初登場する場面に出てくるのです。ハーマイオニーの話ぶりが She had a bossy sort of voice（彼女はどことなく生意気そうな話し方をする）と描写されています。このスピーチを聞いたハリーポッターファンの方ならピンとくる表現を入れているところが面白いですね。

②「自分の所属しているスポーツクラブを次々にやめていった」

　ここでは〈start＋動詞の ing 形〉と〈start＋to 不定詞〉が出てきます。これらは「～し始める」という意味で、たとえば最初の I started questioning gender-based assumptions a long time ago. は「性別に基づく・起因する思い込み・決めつけ」に疑問を感じ始めていました」という意味になります。そして、I started to be sexualised by certain elements of the media. は「ある一部

のメディアによって性的な対象として見られ始めた」という意味です。

ここでは、〈to be + 過去分詞〉（〜され始めた）という受身形に注意しておきましょう。つまり、to be sexualised で「性の対象として見られた」となります。by 以下は「行為者」、すなわち sexualise する側、を表すので、by certain elements of the media は「ある種のメディアによって」という意味になります。

そして、my girlfriends started dropping out of their sports teams ですが、「やめ始める」とすると少し違和感があります。ここでは、**「徐々に〜し始める」**というニュアンスで〈start + 動詞の ing 形〉が使われています。女友達が、大好きなスポーツチームをやめ始めた（次々にやめていった）ということですね。

③「〜のように思われる」

appear "muscly" は appear to be "muscly" のように to be を補い「マッチョだと思われる」と考えるとよいでしょう。マッチョだと思われたくない女の子たちは、次々とスポーツチームをやめていったのです。

エマ・ワトソンさんは 11 歳で「ハリー・ポッター」シリーズのハーマイオニー役としてデビューします。彼女が 14 歳、15 歳、18 歳と年齢を重ねていく中で、そこでの経験から女の子、女性としての扱われ方、見られ方に対して疑問を抱くようになったのです。この

違和感、疑問がある決心を彼女にさせることになります。それが次に続く文章からわかります。

[和訳]

　私はだいぶ前に、性別を基準とした決めつけに疑問を感じ始めました。私が8歳のときに、保護者の前で演じるお芝居の演出をやりたかったのですが、男の子たちは言われないのに、私は「生意気だ」と言われたことに困惑しました。14歳のときには、ある一部のメディアによって性的な対象として見られ始めました。15歳では、女の子たちはマッチョだと思われたくないから次々に大好きなスポーツチームをやめていきました。18歳のとき、私の男友達が、自分自身の気持ちを表現することができなくなりました。

I decided that I was a feminist and ① this seemed uncomplicated to me. But my recent research has shown me that feminism has become an unpopular word. ② Women are choosing not to identify as feminist. ③ Apparently, I am among ④ the ranks of women whose expressions are seen as too strong, too aggressive, isolating and anti-men, unattractive even. Why has the word become such an uncomfortable one?

［語句］

uncomplicated：複雑でない

identify as〜：〜と名乗る

ranks of〜：〜の部類

aggressive：強気の

isolating：孤立した

anti-men：男性に敵対的な

［問題］

①この this は何を受けていますか？

②ここで現在進行形が使われているのはなぜでしょうか？

③文頭に apparently が置かれている理由はわかりますか？

④ the ranks of women whose expressions are seen as too strong の意味は？

［解答と考え方］

①指示代名詞の this は前に出てきた事柄を指すので、**「私がフェミニストであると心に決めたこと」を受けています**。I decided ですが、decide は後ろに that 節をとります。この that は接続詞の that で、that 以下に「心に決めたことが出てくるだろう」と考えながら読み進めましょう。I was a feminist は「私がフェミニストである」ということを「心に決めたのです」。そし

て and this seemed uncomplicated to me ですから、この部分は「私にとって、自分自身がフェミニストであると心に決めたことは、違和感は感じられなかった」となるわけです。

②「徐々に〜している、しつつある」という**状態の変化**を表しています。**現在進行形は「現在進行中の動作、状態」、「確定した未来、予定」を表すだけではなく、「徐々に〜している、しつつある」という状態の変化を表すこともできます。**ここでは、目の前で女性たちが何かを選んでいる動作が進行している様子を表しているのではありません。「女性たちは選択しつつある」という意味を伝えるために進行形が使われています。

　何を選択しつつあるのかというと、not to identify as feminist という形がでてきます。これは、choose not to do「〜しないことを選ぶ」という表現が元になっていることがわかれば理解することができます。つまり、「女性が（フェミニストを名乗らないことを）選択するようになってきている」というように、頻度が増えてきていることが表されています。

③**文頭の副詞には、これから述べることに対して、話し手が「どのように思っているのかをコメントする」役割があります。**

次のふたつの文で副詞の位置と文の意味の関係を押さえておきましょう。

Happily he didn't die.

He didn't die happily.

　ふたつの文で異なっている点は、副詞の happily が文頭にあるか、文末にあるかです。文頭に様態を表す副詞が来たときには、「これから述べることに対して、話し手（書き手）がどのように捉えているか」を表します。この場合、副詞のうしろにカンマを入れてもかまいません。つまり、「彼が死ななかった」ということに対して、話し手（書き手）は「幸せなこと」だと思っているということです。「幸いなことに、彼は死ななかった」といった意味になります。**一方、文末にカンマのない状態で副詞が置かれているときは、動詞を説明する副詞になりますので、「彼は幸せには死ななかった」といった訳**になりますが、わかりやすく言い換えれば「彼は不幸な死に方をした」という意味になります。副詞の位置で全く違った意味になるということが確認できたと思います。文末でカンマ＋副詞とした場合は、「コメントする」役割と同じになります。

　本文に戻りましょう。エマ・ワトソンさんが何を「明らかなこと」だと考えているかを見ていきます。まず、I am among（私は〜の中に入っている）という主語と動詞を読み取り、次の the ranks of women は「女

性たちの部類」、すなわち「私は女性たちの部類の中に入っている」と理解することができるはずです。ちなみにここの among は one of と置き換えることができます。

④「言葉遣いがキツすぎると思われている部類の女性」

関係代名詞の whose 以下ですが、同じような意味を持つ語句を列挙して畳みかけるようなスピーチ独特の展開になっています。the ranks of women whose expressions are seen as too strong, too aggressive というところまでは、発言や言動が「キツく」「攻撃的である」とみなされている女性の部類だということがわかります。続く、isolating and anti-men, unattractive「孤立的な（協調性のない）、男性に対して敵対心を持っている、魅力的ではない」という形容詞は、発言や言動が孤立的で魅力的ではないと言っているのではなく、women を修飾していると考えます。つまり、「言動がキツく、攻撃的だったり、協調性のない、男性に敵対心を持っている、魅力的ですらない女性の部類」という意味になります。

［和訳］

　私は自分がフェミニストであると心に決めて、それは自分にとって全く複雑なものではありませんでし

た。しかし、最近の研究によると、フェミニズムというのは人気のない言葉になっているとのことでした。女性たちはフェミニストと名乗らないことを選択するようになってきています。どうも私は、言動がキツく、攻撃的だったり、協調性のない、男性に敵対心を持っている、魅力的ですらない女性の部類の一人だということです。どうしてこの言葉がそんなにも不快な言葉になったのでしょうか？

I am from Britain, and I think ① it is right that I am paid the same as ② my male counterparts. I think it is right that ③ I should be able to make decisions about my own body. I think it is right that women ④ be involved on my behalf in the policies and the decisions that will affect my life. I think it is right that socially I am afforded the same respect as men. But sadly, I can say that there is no one country in the world where all women can expect to receive these rights. No country in the world can ⑤ yet say that they have achieved gender equality.

［語句］
counterpart(s)：同業者（同等の地位の相手）
make decisions（make a decision）：決定する、決意をす

る、決断する

on my behalf：私のために（on one's behalf で「〜の代わりに、〜を代弁して、〜のために」）

affect：〜に影響を及ぼす

afford：〜を与える

［問題］

① it is right that ... はどのような意味になるでしょうか？

②省略されている語句を補いましょう。

③ I should be able to make decisions とはどのような意味になるでしょうか？

④ここでどうして be が使われているのでしょうか？

⑤この yet の意味は何でしょうか？

［解答と考え方］

①**「〜することは正しい」や「〜することは当然だ」という意味になります。**right は名詞では「右」という意味がありますが、ここでは形容詞の「適切な」「正しい」という意味で使われています。そして、it が主語になっていますが、文頭の it が出てくる基本パターンは 4 つでしたね。もう一度確認しておきましょう。

（1）前に出てきたことを受ける代名詞

（2）後ろに出てくる to 不定詞、動名詞または that S＋V ... を指す形式主語の it

（3）天気や時間を表す it

（4）強調構文の it（it is ... that 〜）

　ここでは（2）の形式主語の it となりますね。that 以下で述べられていることが「適切である」「あたりまえのことである」という意味になります。

　この引用部分では、繰り返し it is right that という表現が出てきます。同じ表現が繰り返されることを「反復」といいます。**特にスピーチでは「反復」の技法を用いることで、音楽的なリズムが生まれ、聴衆がさらに引き込まれていきます。**そうすることで、「ここはとても強い主張をしているのだな」と聞いている側も自然と理解できるのです。

　かつて、アメリカで黒人の公民権を主張した、マーティン・ルーサー・キング・ジュニア牧師が、ワシントンで演説をしました。黒人たちが長年差別され続けてきた中で、黒人たちが立ち上がる有名な演説ですので教科書にも取り上げられていることがあります。その彼のスピーチの中にも I have a dream というフレーズが何度も出てきます。「今は実現できていないけれど、絶対に実現させたい夢がある」と黒人差別を撤廃するための強い主張が聞き手の心に印象深く残るのです。

②my male counterparts の後ろには **are paid が省略さ
れています**。〈the same as〜〉が「〜と同じ程度に」
という意味ですから、「男性の同僚たち（に支払われて
いる額）と同じ程度に私に支払われることは当たり前
のことである」ということです。つまり、「女性であ
る私に男性と同じだけの報酬が支払われることは当た
り前」と彼女は考えているわけですね。

③助動詞の should の意味を確認しておきましょう。
should には「当然」という核となる意味があります
ので、そこから「**当然〜すべきだ**」という意味や「**当
然〜するはずである**」が生まれてきたと考えておきま
す。そうすると、it is right that という「当然〜であ
る」が先行していることも考え、<u>ここでは「自分の体
のことは自分で当然決めることができるはずだ」とい
う意味</u>になるでしょう。この文をIt is natural that I
should be able to ... と置き換えて考えてみるとわかり
やすいかもしれません。つまり、〈It is 主観的判断を
表す形容詞（当然な、適切な、正しいなど）that 主語＋
（should）動詞の原形〜〉というパターンの一種だと
考えておきます。

　さて、ここで言う「自分の体のことは自分で決める
ことができる」というのは一体どのような意味を持っ
ているのでしょうか？　誰かから指示されたり命令さ
れたりするのではなく、自分で自分のことは決めると

いうことなのでしょう。女性が「男性や社会によって抑圧された」存在ではなく、当然自立した存在でなければならないということを伝えているのです。

　世界中を見渡すと、必ずしも女性が男性と同様に扱われているとは言えない社会が存在しています。だからこそ、彼女は強くそれを訴えているのです。前提として「まだジェンダーに関して無関心な社会が存在する」ということが、この助動詞の should に込められているのでしょう。**助動詞の should には「仮定法現在」としての役割もあり、「現在や未来について不確定、不確実なこと」を表します。**まだまだ女性の権利が当然のように認められるのは「不確定、不確実」であると彼女は主張しているわけです。

④文中にいきなり動詞の原形が出てきたら気をつけなければなりません。that 以下の women be involved on my behalf in the policies and decisions that will affect my life をみて「あれ？」と思った方、いらっしゃいますよね。women be なっていますが、これは**仮定法現在と呼ばれる表現**です。この仮定法現在は、イギリス英語では should が後から付けられて、〈should+ 動詞の原形〉になることがあります。つまり、この文は、〈It is 主観的判断を表す形容詞（当然な、適切な、正しいなど）that 主語 + （should）動詞の原形〜〉というパターンになっているのです。

この主観的判断を表す形容詞のタイプは以下の通り
ですので、折に触れて確認しておきましょう。

appropriate：適切な
proper：適切な
natural：当然な
reasonable：理にかなった
rational：理にかなった
right：正しい
improper：不適切な
irrational：不合理な

　他にも、「要求」「提案」「願望」を表す形容詞が来
ると同じパターンになります。

necessary：必要な
essential：不可欠な
imperative：不可欠な
important：重要な
crucial：かなり重要な

⑤この yet は「否定」と一緒に用いられて「まだ〜な
い」という意味で使われています。現在完了の文でよ
く見かけますね。たとえば、I haven't done my home-
work yet. は「私はまだ宿題に手を付けていません」と

いう意味です。本文では、not ... yet〜という形ではなく、No country in the world can yet say のように、主語に否定を表す no を伴った名詞句が来ています。この否定的な要素と一緒に yet が使われていますので「まだ〜ない」という意味になっているのです。

[和訳]

　私はイギリス出身ですが、男性と同じだけの報酬をもらうことは当然のことだと思っています。私は自分の体について決めることができるのは当然のことだと思っています。私の人生に影響を与えるような政策や決定に、私に代わって女性たちが代弁してくれることは当然のことだと思っています。私は社会的にも男性と同じように尊重されるべきだと思っています。ですが、悲しいことに、このような権利をすべての女性たちが得られることが期待できる国は、世界にひとつもないのです。世界のどの国も、ジェンダー平等を達成したとはまだ言うことができないのです。

----

① These rights I consider to be human rights but I am one of the lucky ones. My life is a sheer privilege because ② my parents didn't love me less because I was born a daughter. My school did not limit me because I was a girl. My mentors didn't assume that ③ I would go less far because I might give birth to a child one day. These influencers were the gender equality ambassadors that made me ④ who I am today.

They may not know ⑤ it, but they are the inadvertent feminists who are changing the world today. We need more of those. And if you still hate the word, ⑥ it is not the word that is important, it's the idea and the ambition behind it. Because not all women have received the same rights that I have. In fact, statistically, ⑦ very few have been.

In 1997, Hilary Clinton made a famous speech in Beijing ⑧ about women's rights. ⑨ Sadly many of the things she wanted to change are still true today. But ⑩ what stood out for me the most was that less than 30 per cent of the audience were male. How can we affect change in the world when only half of it is invited or feel welcome to participate in the conversation?

[語句]
sheer：まったくの
privilege：特権
give birth to〜：〜を出産する
inadvertent：故意ではない、不注意な

156

［問題］

①この文は5文型のうち「何文型」になりますか？

②この文を訳してみましょう。

③この文を訳してみましょう。

④この文を訳してみましょう。

⑤このit は何を受けていますか？

⑥このit の役割は何でしょうか？

⑦省略されている語句を補ってみましょう。

⑧about women's rights という前置詞句は何を修飾していますか？

⑨文頭に sadly という副詞があるのはどうしてですか？

⑩この文の主語（主部）と動詞は何でしょうか？

［解答と考え方］

① **OSVC の第5文型です。**These rights I consider to be human rights を考えてみましょう。一見、関係代名詞 that（which）が省略され、These rights（[that/which] I consider [ ] to be human rights.）のように、these rights を先行詞とした関係節を作っているように見えます。

　しかし、このように読んでしまうと、these rights とペアになる動詞を見つけることができません。従って、別の読み方を考える必要があることに気付かなければなりません。ここでポイントとなるものが動詞の consider です。以下に代表的な語法をまとめましたの

で確認しておきましょう。

(1) 主語＋consider＋目的語：（主語）が／は（目的語）を考える・考慮に入れる・思いやる
(2) 主語＋consider＋目的語＋目的格補語：（主語）が／は（目的語）が（目的格補語）だと考える・思う
(3) 主語＋consider＋目的語＋to不定詞：（主語）が／は（目的語）を〜と考える
(4) 主語＋consider＋that SV：（主語）が／はSVということを考える

　本文ではI consider to be human rightsとなっているため、considerを見たところで上記の (3)〈主語＋consider＋目的語＋to不定詞〉という形に近いことがわかります。そこで、「本文はconsiderの直後にto不定詞はおかしいので、きっとconsiderとto beの間に目的語があった」と考えます。それがthese rightsです。つまり、**文頭に目的語を移動させてできた文だ**ということがわかります。もともとはI consider these rights to be human rightsという文でした。ここでの意味は、「こうした権利のことを、私は人権だと考えています」となります。
　なぜ、ここで語順が入れ替わっているのかについて確認しておくことにしましょう。But sadly, I can say that there is no one country in the world where all women

| 158 |

can expect to receive these rights.（ですが、悲しいこと
に、このような権利をすべての女性たちが得られることが
期待できる国は、世界にひとつもないのです）という文
の文末に、these rights が新情報として置かれていまし
た。この新情報は次の文では旧情報となり、新たな情
報が与えられます。それが今回の文です。ここでは
these rights が文頭に置かれることで、旧情報が文の話
題となります。

　「話題」とは話し手（書き手）がこれから述べたい
テーマのことです。**目的語を文頭に移動することで、
情報の流れを変えるとともに、自分が話題としたいこ
とも変えることができる**わけです。

②「私の両親は愛情を少なくすることはなかった（愛
情を惜しみなく与えた）」

　My life is a sheer privilege の sheer は「まったくの、
純粋な」という形容詞で名詞 privilege（特権、恩恵）
を修飾しています。「私の人生はかなり恩恵を受けて
います」と読んだところで、because があるので「人
生が恵まれている理由の説明になっているな」と思い
ながら読み進めます。my parents didn't love me less の
意味は「私の両親は愛情を少なくすることはなかっ
た」となります。

　さらに because I was born ... と続きますが、この前
に didn't love と「否定語」がありましたので、この

because は「なぜなら」という意味ではなく、「〜だからといって」という意味で使われています。「娘（女）として生まれてきたからといって、私の両親は私への愛情を少なくするようなことをしませんでした」となります。つまり、「愛情を惜しみなく与えた」と解釈することができます。

　この I was born a daughter. は最後に a daughter が入ることで少しむずかしい構造になっています。a daughter は主語の状態を説明するものです。「私が生まれたそれは、娘（女）という状態で」→「私は女の子に生まれた」となります。このような主語の状態を述べるために補足的に置かれた語を「準補語」または「二次述語」といいます。たとえば、Tom died young. は「トムがなくなった」ということに、「トムが若かった」という情報が付け加えられていて、「トムは若くしてなくなった」という意味になります。

　さらに、I woke up sick. という文は「私は起きた」ということに「私は気分が良くなかった」が付け加えられ「私は起きたら気分が悪かった」という意味になるのです。次の My school did not limit me because I was a girl. は問題ないですね。「私の学校は私が女の子だからといって、制限することはなかった」という意味です。

③「私が成功することはないだろう」

My mentors didn't assume that I would go less far because I might give birth to a child one day. を確認しましょう。My mentor は「私を導いてくれた人たち」、「恩師たち」のことです。didn't assume that ... は「…と想定する、みなす、当然と思うことはなかった」という意味になります。

そして、続く would go less far ですが go less far はちょっと難しいですね。go far は「成功する、長持ちする」という意味の表現です。ここで使われている **less は形容詞の前に置いて、遠回しに not の代わりとして使われています。**つまり、「私が成功・活躍しない」という意味になります。

次に because が続いていますが、先程も確認したように「否定」が because に先行すると、「〜だからといって…」という意味になります。「いつの日か私が子供を産むことになるかもしれないからといって、私が成功なんてしないだろうとは指導者たちは思うことはありませんでした」となります。エマ・ワトソンさんが、自分の人生を恵まれたものだと考えていることがよくわかりますね。両親や学校の先生たちは彼女が「女の子だから」といって不平等に扱うことはなかったわけです。

皆さんだったら、こうした人達にどのような言葉で感謝を表しますか。おそらく「今の私を作ってくれた

のはみなさんのおかげです」と言ったりしますよね。

④「今の私」

　この who は「先行詞を含む関係代名詞」です。先行詞を含む関係代名詞は what がよく使われますが、who にも「(先行詞を含んで) …する [である] 人 (はだれでも)」という意味があります。たとえば、Tom wasn't who he is now. は「昔のトムは今のトムではない (昔のトムは今の彼と違った)」という意味になります。それでは、文全体を見てみましょう。

These influencers were the gender equality ambassadors that made me who I am today.

　These influencers were the gender equality ambassadors は「こうした影響を与えてくれた人たちはジェンダー平等大使でした」という意味になり、この the gender equality ambassadors を先行詞として関係代名詞の that 以下で詳しく説明されています。つまり、男女平等大使というのは、that made me who I am today という人たちのことだということです。**ここで使われている make は 〈make O C〉で O を C の状態にするという使役動詞の構造になっていますので**、直訳をすると、「私に今日の私を作ってくれた」という意味ですが、表現がくどくなるので「今日の私を作ってくれた」と

しておけばよいでしょう。

⑤ **the inadvertent feminists who are changing the world today を受けています**。They may not know it, but they are the inadvertent feminists who are changing the world today. という文の意味は「彼らは気がついていないかもしれませんが、彼らは今日の世界を変えている無意識のフェミニストなのです」です。この意味からもわかるように、it は「今日の世界を変えている無意識のフェミニストであること」を受けています。

⑥ **強調構文で用いられる it です**。「その言葉（＝フェミニストという言葉）が嫌いであるとしても」という前半部分は大丈夫だと思います。後半の it is not the word that is important はきちんと読めたでしょうか。

　文頭に it が来る場合を思い出してください。It is not the word that is important と読んだところで、that の直後に主語がなく、be 動詞の is が出てきたところで、「あ、これはもしや強調構文では？」と気づくことが大切です。「重要なことは言葉ではありません」と、「言葉ではない」ということを伝えているのです。このような構文を使うことで、「言葉でなければ何が重要なの？」と聞き手に思わせることができます。

　そうすると、続く it's the idea and the ambition behind it (that are important)「本当に大切なことはその背後に

ある理念と志である」が、より効果的に聞き手に伝わるのです。

⑦ very few (women) have been (receiving the same rights that I have).

　この文は not all women have received the same rights that I have と呼応していると考えることができます。very few は「ほとんど〜ない」という意味になりますが、直前の not all と very few の対比で women を補うことができ、「ほとんどの女性は〜ない」という意味になることが分かります。そして、have been も途中で終わっていますので後ろに動詞が省略されていると考えましょう。be 動詞である been の後ろには何が省略されているでしょうか。ここに received を入れてしまうと been received のように受身形となるため、意味を成さなくなってしまいます。ここでは「現在完了進行形」の have been receiving と考えるのが正しいと言えるでしょう。

⑧ speech を修飾しています。**前置詞句は「副詞的」にはたらく場合と「形容詞的」にはたらく場合があります。**副詞の場合は名詞以外の要素を修飾することができます。一方、「形容詞」の場合は名詞を修飾します。

　ここでは、「女性の権利について」という前置詞句

は in Beijing の「北京」を修飾するのではなく、さらに前にある名詞の speech を修飾しています。本来であれば、a famous speech about women's rights というカタマリを作るのですが、あえて about women's rights を文末に移動しています。通常の語順とは異なった語順にすることで、その語句が「重要である」ということを聞き手に意識させることができるのです。

　ちなみに、ここで「1997 年にヒラリー・クリントンさんがスピーチを行った」と言っているのですが、正しくは 1995 年に国連世界女性会議で行ったスピーチのことです。当時の米国大統領のビル・クリントン氏の夫人という立場でスピーチを行いました。

⑨話し手のコメントを表すためです。happily や sadly、strangely や frankly といった副詞には、文末に置いて動詞を修飾して主語の動作や状態について様子を表す用法と、文頭に置き状況に対する話し手の心情や態度、判断を示す文修飾の用法があります。

　147 ページで学んだことですので、Sadly she walked away. と She walked away sadly. の違いがわかると思います。前者は話し手のコメントですので、「悲しいことに、彼女が去っていってしまった」という意味です。後者は主語の動作・状態について説明しているので、「彼女は悲しげな足取りで去っていった」となります。

Sadly many of the things she wanted to change are still true today. は、エマ・ワトソンさんが悲しく感じたことを聞き手に伝えています。「彼女（ヒラリー・クリントンさん）が変えたいと願っていた多くのことが、今日でもなお現実として存在している」ということが「悲しいことだ」と言っているのです。

⑩ what stood out for me the most が主語、was が動詞です。But what stood out for me the most was that less than 30 per cent of the audience were male. ですが、文頭の what stood out for me the most は「私にとって最も目立っていたことは（目を惹かれたことは）」という意味の「名詞節」になります。**このときの what は関係代名詞で「〜すること」という意味があります。**

　文頭に what があり、疑問文になっていない場合は、まずは「関係代名詞」、次に「何を〜するのか」という意味の「疑問詞」を考えて読むようにしましょう。そうすると、was が動詞で、その次に来ているthat less than 30 per cent of the audience were male が補語になります。この that は名詞節を導く接続詞の that で意味は「〜ということ」です。「3 割に満たない聴衆が男性であったということ」となりますね。

［和訳］
　私はこれらの権利を人権であると考えています。で

すが、私は幸運な一人です。なぜなら、私の両親は私が女の子として生まれたからといって、私の両親は愛情を惜しみなく与えないということはなかったからです。私の学校も、私が女の子であることを理由に私を制限しませんでした。私を導いてくれた人たちは、いつの日か私が子供を産むことになるかもしれないからといって、私が成功なんてしないだろうとは思うことはありませんでした。これらの影響力のある人たちは、今日の私を作ってくれたジェンダー平等大使です。彼らは気づいていないかもしれませんが、今日の世界を変えている無意識のフェミニストなのです。そして、私たちにはもっと多くの人が必要なのです。それでもこの言葉が嫌いだという人は、重要なのは言葉ではなく、その背後にある理念と志です。なぜなら、すべての女性が私と同じ権利を得ているわけではないからです。実際、統計的にはほとんどの女性がそうではありませんでした。

　1997年にヒラリー・クリントンさんが北京で女性の権利に関する有名なスピーチを行いました。悲しいことに、彼女が変えたいと思っていたことの多くが、今でも現実に存在しています。しかし、私が最も目についたことは、聴衆の中で男性は30%に満たなかったということです。男女のどちらかしか話し合いに招待され迎え入れられていないのに、どうやって世界に変化をもたらすことができるでしょうか？

Men, I would like to take this opportunity to extend ① your formal invitation. Gender equality is your issue ② too. Because to date, ③ I've seen my father's role as a parent being valued less by society, despite my needing his presence as a child as much as my mother's.

④ I've seen young men suffering from mental illness unable to ask for help for fear it would make them less of a men, or less of a man. In fact in the UK suicide is the biggest killer of men between 20-49, eclipsing road accidents, cancer and coronary heart disease. ⑤ I've seen men made fragile and insecure by a distorted sense of what constitutes male success. Men don't have the benefits of equality either.

［語句］

extend an invitation：招待する

to date：今まで、現在に至るまで

killer：死因

eclipse：〈競争相手など〉をしのぐ、上回る

coronary heart disease：冠状動脈性心臓病

fragile：こわれやすい、もろい

insecure：不安定な、くずれそうな

［問題］

①この your は誰のことでしょうか？
②なぜ too が使われているのでしょうか？
③この文に使われている as に注意して訳してみましょう。
④この文の「補語」はどれでしょうか？
⑤この文の「補語」はどれでしょうか？

［解答と考え方］
①**「男性たち」のこと**です。最初の Men は「呼びかけ」で「男性の皆さん」となっています。文の主語は I で動詞部分は would like to take なのですが、**take にはたくさんの意味があるので、後ろに出てくる要素とまとめて考える習慣をつけましょう。**そうすると this opportunity が来ています。take this opportunity to do がひとつのまとまりになって「この機会を利用して〜する」、「この場をお借りして〜する」という意味でよく用いられます。ここでは、「男性の皆さん、この場をお借りして、みなさんを正式に皆さんをご招待いたします」といった意味合いになります。

②**ジェンダー平等の問題は、女性だけの問題ではなく、男性の問題でもあるということを伝えるためで**す。ここは、非常に重要な問題提起であり、ジェンダー平等についていつも声を上げているのが女性ばかりである。そのため、女性の問題であるかのように思わ

れがちではあるが、本質はそうではない。男性の問題でもあるのだ、と強く聴衆に訴えているところです。

③「**子供のときに私は母親と同じぐらいに父親を必要としていたにもかかわらず、私の父の親としての役割が社会から低く評価されているのを見てきました**」という意味になります。この文は現在完了形で彼女の経験を表しています。ここでの主要な動詞は see です。この see は知覚動詞として SVOC の第 5 文型を作ります。つまり、以下のような形になるのです。

　see＋目的語（人・もの）＋動詞の原形 / 現在分詞形 / 過去分詞形
　（[人・もの] が〜する /〜している /〜されるのを見る）

　この形を知っていると、being valued ... がでてきたところで「なんだろう？」と思考が停止してしまうことが避けられます。つまり、my father's role as a parent（父親としての親の役割）という名詞のかたまりと、その後ろに being valued ...（〜と評価されている）があっても、これは、〈see＋O＋現在分詞〉の形になっていることだという判断ができます。

　文中に as が出てきたときに、比較の as〜as になっていない場合や、後ろに主語＋動詞が来ていない場合の as は「〜として」と「〜のときに」と考えておき

ます。ということで、この部分は「私は父の親として
の役割が社会によって低く評価されている（軽視され
てきている）場面をこれまで目の当たりにしてきまし
た」となります。

　続けて despite（〜にも関わらず）という前置詞が出
てきます。前置詞の後ろに my needing という語句が
来ています。これは**「動名詞の意味上の主語は代名詞
の場合は所有格になる」**というお約束がありますので
I needed his presence と読めばよいのです。意味は「私
は父の存在が必要であった」となります。

　そして、as a child as much as my mother's ですが、as
が何度も出てきます。最初の <u>as a child</u> は「子供のと
き」という意味で、次の <u>as much as my mother's</u> は as
<u>〜as</u> の比較の形になっていて、「私の母の存在と同じ
だけ」という意味になっています。全体で、「子供の
ときに、母の存在と同じだけ父の存在が必要だったに
も関わらず」となります。

④補語は unable（to ask for help）です。I've seen young
men suffering from mental illness unable to ask for help を
見たときに知覚動詞の see で目的語は young men で、
補語が suffering〜という第 5 文型であると考えてみま
す。そうすると、形容詞の unable をどのように捉え
たらよいのでしょうか。unable を正しく把握するため
には、**suffering from ... が現在分詞の形容詞的用法で**

young man を修飾していることに気付く必要があります。したがって、young men suffering from mental illness が目的語、そして unable to ask for help が補語になります。つまり、「私は、精神的に病んでいる若い男性たちが、助けを求められない状態であることを見てきている」という意味になるのです。

　ちなみに、for fear it would make them less of a men, or less of a man の less of a men は不定冠詞の a に複数名詞の men となっているため、彼女の言い間違えです。それを修正するために、or less of a man と言い直しています。make them less of a man で「彼らの男としての価値を下げる」という意味になります。また、for fear は2語がセットになった接続詞〈for fear 主語＋動詞〉で「SV することを恐れて」「SV するといけないから」を表します。

⑤補語は made fragile and insecure by ... です。この文は主語と動詞が I've seen で、目的語が men、そして made fragile and insecure by ... が補語になっています。「〜によって壊れやすく、自信をなくしてしまった男性たちを見てきました」ということです。by 以下は「男性の成功というものはなにかについての歪んだ感覚」です。つまり、「男性の成功とはなにか」という歪んだ感覚が男性を脆いものにし、不安にさせてしまった、そんな人たちを目にしてきたということです

ね。いわゆる、社会に潜む「男性はこうあるべきだ」というステレオタイプによって、男性自身が苦しみそれが原因で心を病んでしまい、最終的には命をたってしまうという状況が英国内に存在しているということです。

そして、Men don't have the benefits of equality either. とあるように、「男性たちもまた、ジェンダー平等の恩恵を受けていない」のです。ですので、ジェンダー平等の問題は女性固有の問題ではなく、男性の問題でもあるという主張をしているわけです。

（和訳）

　男性の皆様、この場をお借りしてみなさんをご招待させていただきます。ジェンダーの平等はあなたの問題でもあります。というのも、私はこれまで、子供のときに私は母親と同じぐらいに父親を必要としていたにもかかわらず、私の父の親としての役割が社会から低く評価されているのを見てきました。

　また、精神的な病に苦しむ若い男性が、自分が男としての価値を下げてしまうのではないかと心配して助けを求められないのを見てきました。実際、英国では、20〜49歳の男性の最大の死因は自殺であり、交通事故、癌、冠状動脈性心臓病を超えています。私は、男性の成功というものはなにかについての歪んだ感覚によって、男性が脆く、不安になっているのを見

てきました。男性たちもまた、ジェンダー平等の恩恵
を受けていないのです。

We don't often talk about men ① being imprisoned by
gender stereotypes but I can see ② that they are and that
when they are free, things will change for women as a natu-
ral consequence. If men don't have to be aggressive in order
to be accepted, women won't feel compelled to be submis-
sive. If men ③ don't have to control, women won't have to
be controlled.

Both men and women ④ should feel free to be sensitive.
Both men and women should feel free to be strong. ⑤ It is
time that we all perceive gender on a spectrum instead of
two sets of opposing ideals. If ⑥ we stop defining each
other by what we are not and start defining ourselves by
who we are—we can all be freer and this is what HeForShe
is about. It's about freedom.

⑦ I want men to take up this mantle, so that their daugh-
ters, sisters and mothers can be free from prejudice but also
so that their sons have permission to be vulnerable and hu-
man too, reclaim those parts of themselves they abandoned,
and in doing so, ⑧ be a more true and complete version of
themselves.

［語句］

imprison：縛る、収監する、閉じ込める

as a consequence：結果として

compel〈人〉to do：人に〜することを強いる

submissive：服従的な、従順な、言いなりになる

perceive：知覚する、気付く、わかる

spectrum：一連のもの、範囲

take up the mantle：役割を引き受ける

prejudice：偏見

reclaim：取り戻す

abandon：見捨てる、棄てる、あきらめる

［問題］

①この being は動名詞、現在分詞のどちらでしょうか？

②省略されている語句を補ってください。

③ don't have to と must not ではどのように意味が異なるでしょうか？

④この should の意味は何でしょうか？

⑤この文を訳してみましょう。

⑥この文を訳してみましょう。

⑦この文を訳してみましょう。

⑧なぜここで原形の be が出てきたのでしょうか？

［解答と考え方］

①**動名詞**です。We don't often talk about は「私たちは〜をあまり話題にはしない」という意味です。そして、about は前置詞なので、後ろには「名詞的な要素」が来ます。men being は「名詞的な要素」、つまり being が動名詞だと分かります。そうすると、men being imprisoned by gender stereotypes は「男性が性別のステレオタイプにとらわれてしまっていること」と解釈できます。

② that they are の後ろに省略されている語句は **imprisoned by gender stereotypes** です。I can see that they are and that と読んだところで、they are の後ろに何かが省略されていると分かることが大切です。省略されている語句の大半は「前で述べられたこと」から復元可能なものなので、直前の imprisoned by gender stereotypes を入れて考えてみましょう。「男性たちが性別のステレオタイプにとらわれていることは私達はあまり話をしたりしないけれど、でも私の目にはそれが映るのです」と言ったとき、「それ」が指している内容は「男性たちが性別のステレオタイプにとらわれていること」だとわかりますよね。正しく文脈を追いかけていれば、省略されていても、一歩立ち止まって冷静に考えることで理解できるようになります。

③ don't have to は「～しなくてもよい」「～する必要がない」という不必要なことを表す意味で、must not は「～してはならない」「～すべきではない」という禁止を表す意味になります。ここでは、men don't have to control となっていて「男性たちが支配しなくてもよい」という意味であり、men mustn't control「男性たちが支配してはならない」という「禁止」を伝えているのではありません。

そして、あとに続く women won't have to be controlled は「女性たちは支配されずに済むだろう」となっているところにも注目しておきましょう。この文は〈by～〉が明示されていない受身形で書かれていますが、文脈から「男性たちによって」を復元することができますね。

④この should は「～のはずだ」という「見込み」を表します。助動詞 should の基本の意味を押さえておきましょう。

(1) 1人称の主語で「控えめな表現」を表す（基本的には would に置き換え可能）。
　I should like to go out tonight.（私は、できれば今晩外出したいのですが）
　= I would like to go out tonight.
(2)「義務」を表して「～すべきだ」という意味にな

る。

You should go to see a doctor.（あなたは医者に見てもらうべきです）

(3)「十分な見込み」を表して「〜のはずだ」という意味になる。

He should arrive the airport.（彼は空港に到着しているはずだ）

　この3つの用法のうち、ここではどのような意味になっているのか考えてみましょう。Both men and women should feel free to be sensitive. は「男性も女性も気にしないで繊細になる」ことは「義務」というよりもむしろ「そうなってもよいはずだ」という「見込み」を表していると考えたほうがよさそうです。

　ここで、「繊細」という表現が使われていることに注目しておきましょう。みなさんは男性と女性、どちらが「繊細」だと思いますか？　**このように「男女」をあるひとつの枠に当てはめて考えることを、ステレオタイプというのです。**おそらく、男性よりも女性の方が「繊細である」と思ってしまう人が多いでしょう。しかし、そうではないのです。みんな男女のステレオタイプにとらわれないようにしましょうというのが、このスピーチの核心部分なのです。男性も繊細であってよいですし、もちろん、女性も繊細であってもよいのです。

このように考えると、続く Both men and women should feel free to be strong という部分もよくわかりますよね。男性と女性、どちらが「強い」のでしょうか？　ステレオタイプで捉えている人だったら「男性」と言ってしまうかもしれませんが、このスピーチの核心部分を捉えられたら、「女性も、男性も、ともに強くてよい」と考えられるようになるはずです。

⑤「私達はみな、性別をふたつの相反する典型としてではなく、ひとつの連続体の上で捉える時がきたのです」

　ここで用いられている構文は〈It is time that S + V ～〉で「そろそろ～するときである」という意味になるものです。このときの that 節内の動詞は一般には「過去形」（正確には仮定法過去）にするという約束があります。**仮定法過去で表現された場合「本来はやらなければならないのに、まだやっていない。だから、それを今からやる」という意味が含まれます。**

　ですが、本文は過去形ではなく、we all perceive となっています。この perceive は、should のついていない「仮定法現在」だと考えられます。**仮定法現在で表された場合は、「本来はやらなければならないのに、まだやっていない」という意味は薄れ、「そろそろやらなければならないときがきた。だからやりましょう」という「提案」や「勧誘」の意味が含まれている**

と考えておきましょう。

⑥「私達が互いに本来の自分たちの姿ではないものによって定義するのをやめる」

　what we are not の訳がむずかしかったかもしれません。〈what S＋be 動詞〉は「S の姿」や「S の状況」という意味で使われます。たとえば、I am what I am. は「私は今の私の姿」⇒「私は私」という意味になります。I am not what I was. であれば「私は昔の私ではない」という意味です。そうすると、ここの what we are not は「自分たちの姿ではない」つまり、「本来の自分たちの姿ではない」ということになります。これも、ステレオタイプにとらわれないということを表していることになりますよね。続く、start defining ourselves by what we are は「自分たち自身を、今の自分達の姿で定義し始めましょう」ということで、「ありのままの自分たちの姿」がとても大切だと主張しているわけです。そうすることで we can all be freer（私達はもっと自由になることができる）ということなのです。

⑦「私は男性たちにもこの役割を引き受けてもらいたいと思っています」

　take up the mantle という表現ですが、この mantle は「権威や責任の象徴」を表します。つまり、「マン

トを着る」⇒「責任を引き受ける」という意味になっているのです。特に「重要な仕事や任務を引き受ける」場合に使われる表現です。ここでは、男性たちにもこの重大な任務を引き受けてもらいたい、すなわち、HeForShe という運動に加わってもらいたいということを訴えているところです。それによって、男性たちの娘さんや姉妹、母親たちが偏見から自由になれる。さらには、息子たちも弱さを持っていいし、人間らしくしていいと言っているのです。エマ・ワトソンさんは「女性だけの問題ではない」と訴え、男性が加わることで、平等が実現されていくと主張しています。こうしたことにより、男性が我慢して弱さを見せず「男性らしさ」に囚われ、自殺してしまうという現状も阻止できるようになるわけです。

⑧ I want men to take up this mantle ..., reclaim ... and be a more ... というように〈want 人 to 動詞の原形〉の、**動詞の原形が３つ続いている形**になっています。間に様々な要素が入り込んでおりそれぞれの動詞が離れ離れになっているのでわかりにくいと思いますが、エマ・ワトソンさんが男性たちに３つのことを望んでいると考えましょう。ひとつ目は男性たちにこの運動に参画してもらいたい。そしてふたつ目は過去に捨て去ってしまったものを取り戻してもらいたい、３つ目がありのままの自分になってもらいたい、ということ

です。

[和訳]

　男性がジェンダーの固定観念に縛られていることは
あまり話題になりませんが、私には彼らがそうである
ことがわかります。そして、彼らが（偏見から）自由
になれば、当然の結果として女性の状況も変わるでし
ょう。男性が認めてもらうために攻撃的である必要が
なければ、女性は服従を強いられると感じる必要がな
くなります。男性が支配する必要がなければ、女性は
支配されずにすむのです。

　男性も女性も気にしないで繊細になってもよいはず
です。男性も女性も気にせずに強くなってもよいはず
です。今こそ、私達はみな、性別をふたつの相反する
典型としてではなく、ひとつの連続体の上で捉える時
なのです。もし私達が互いに本来の自分たちの姿では
ないものによって定義するのをやめ、自分たち自身
を、今の自分達の姿で定義し始めれば、私たちはもっ
と自由になることができるのです――これが HeFor-
She の目的です。それは自由を目指しているのです。

　男性のみなさんには HeForShe の運動に加わってほ
しいのです。そうすることで、みなさんの娘・妹や
姉・母親が偏見から解放されるだけでなく、みなさん
の息子は（ステレオタイプ的な「男らしさ」から解放さ
れて）傷つきやすく、人間らしい」男でいる許しを得

られるでしょう。そして、捨て去った自分らしさを取り戻してほしいのです。さらに、そうすることで、ありのままで、より完全な自分自身になってほしいのです。

＊

　さて、最後の部分を見ていくことにしましょう。全体の流れがわかってきたと思います。スピーチの結論部分ですので、一番訴えたいことがここで表現されています。私たちはジェンダーの平等とはほど遠い世界にいることを知らされます。それを解決するためのひとつの運動として HeForShe という活動があるのです。それでは最後の場面は丁寧に「意味」を理解することを心がけて読んでください。意味がわかったところで、音読に挑戦してみましょう。

You ① might be thinking, "Who is this Harry Potter girl? And what is she doing speaking at the UN?" And ② it's a really good question. ③ I have been asking myself the same thing. ④ All I know is that I care about this problem. And I want to make ⑤ it better. And ⑥ having seen what I've seen, and given the chance, I feel it is my responsibility to say something. Statesman Edmund Burke said, ⑦ "All that is needed for the forces of evil to triumph is for good men and women to do nothing."

In my nervousness for this speech and in my moments of doubt, I've told myself firmly, ⑧ "If not me, who? If not now, when?" If you have similar doubts when opportunities are presented to you, I hope that those words will be helpful. Because ⑨ the reality is that if we do nothing ⑩ it will take 75 years, or for me to be nearly a hundred before women can expect to be paid the same as men for the same work. Fifteen point five million girls will be married in the next 16 years as children. ⑪ And at current rates it won't be until 2086 before all rural African girls can have a secondary education.

If you believe in equality, you might be one of those inadvertent feminists that spoke of earlier. ⑫ And for this I applaud you. ⑬ We are struggling for a uniting word but the good news is that we have a uniting movement. It is called HeForShe. ⑭ I am inviting you to step forward, to be seen and to ask yourself, "If not me, who? If not now, when?"

Thank you very, very much.

[語句]
ask oneself：自問自答する
care about〜：〜に関心がある

responsibility：責任

statesman：（特に指導的な）政治家

triumph：勝利

doubt：不安、疑念

rural：田舎の、農村部の

struggle for〜：〜を求めて懸命に努力する

［問題］

①この might be thinking の might は何を表しています
か？

②なぜ、ここで「良い質問ですね」と言っているので
しょうか？

③現在完了進行形が使われていますが、どのようなこ
とを表していますか？

④この文を訳してみましょう。

⑤この it は何を指していますか？

⑥この文を訳してみましょう。

⑦この文を訳してみましょう。

⑧この部分の意味は？

⑨なぜ、ここで the reality is that という表現が使われ
ているのでしょうか？

⑩この文の主語の it はどのような役割を持っていま
すか？

⑪この文を訳してみましょう。

⑫この文を訳してみましょう。

⑬ここで主語が we に変わりました、どうしてでしょうか？

⑭この文を訳してみましょう。

［解答と考え方］

① might は「可能性が低い推量」を表しています。助動詞の may と might は可能性「〜かもしれない」という意味で、**話し手の推量を表します**。She may come to the party tonight. は、話し手が「彼女は今晩、パーティに来るかもしれない」と思っていることを表します。そして、この may よりも可能性が低いことを表すときに might が使われるのです。「ひょっとしたら」という意味が付け加わるという感じでおさえておくとよいでしょう。ですので She might come to the party tonight. は「ひょっとしたら、彼女は今晩パーティに来るかもしれない」という意味になります。

　そして、be thinking は現在進行形として「今、思っている」ということを表しています。たとえば、I'm thinking of changing jobs. であれば、「今、仕事を変えようかと思っています／考え中です」という意味になります。You are thinking, "Who is this Harry Potter girl?" では think の目的語は引用符で示されている who is this Harry Potter girl? です。助動詞の might の意味も合わせて考えると、「みなさんの中には、このハリー・ポッターの女の子は何様のつもり？と思っているかも

しれません」となりますね。who is this Harry Potter girl? は直訳をすると「このハリー・ポッターの女の子は誰ですか？」ですが、**ここでの who は「何様のつもり？」や「何者なの？」という意味**としておいたほうが理解しやすいですね。

②**エマ・ワトソンさん自身、誰しもが納得するような答えを持っていない、うまく答えられるかわからないからです。**「良い質問ですね」は、単に質問の内容が素晴らしいということを意味することもありますが、ここではそれだけではありません。**質問の内容が核心を突いているため、自分自身うまく答えられるかどうかわからないときに、「それは良い質問ですね」ということがあります。**彼女自身、そのことについていろいろと考えているということがわかるのが次の「現在完了進行形」で書かれている文になります。

③**過去から現時点に至るまで、ずっと自問自答し続けていることを表しています。**〈have been -ing〉は現在完了進行形と呼ばれ、過去から現時点に至るまでの継続した動作を表します。そしてこの動作は「現時点でも続いている」もしくは「現時点でちょうど終わってしまっていること」のどちらかを表します。ここでは、彼女自身、このスピーチを聞いていて疑問に思っている人たちと同じように、自問自答をし続けてき

た、ということですね。そして、自分を含めて誰しもが納得するような答えには至っていないということが②の「良い質問ですね」に表されているのです。

④「私がわかっていることといえば、自分がこの問題に関心があるということだけです」

この文の主語は All I know で、動詞が is、補語が that I care about this problem です。いわゆる S＋V＋C の第 2 文型で「S は C である」という意味になりますね。この All I know is that ... という文は、「私が全て知っていることは」という意味ではありません。「…ということしか知らない、分からない」「知っていることといえば…だけです」というように、自信を持って言えないけれど、もしかしたらそうかもしれないというように断言を避ける表現です。②や③の文で見たように、ずっと自問自答しているため、まだ自分なりに明確な答えが出ていないということもあり、「今の段階で言えることはジェンダー平等の問題に自分自身が関心を寄せているということである」ということを伝えているのです。

⑤「ジェンダー平等が実現されていない状況」を指しています。代名詞の it は様々な用法があります。既に文頭の it の役割については確認していますので、ここでは「目的語」の位置に置かれた it について考

えてみましょう。

(1) 前に出てきた名詞を受ける。
(2) 前に出てきた文の内容を受ける。
(3) 動物や赤ちゃん、姿の見えない人を指す。
(4) 形式目的語の it（後ろに to do/ doing/ that SV が出て
くる）
(5) 状況の it（なにか特定のものを指すことはないが、
文脈からわかる「状況」を表している）

　さて、I want to make it better. ですが彼女が何をよく
したいと思っているのかを考えると、現在の男女の不
平等や格差だということが文脈でわかります。これは
ジェンダー平等がまだ実現されていない状況のことを
述べているので、この状況を少しでも改善していきた
いと思って、この場でスピーチをしているのです。

⑥「これまで自分の目で見てきたものを考える」
　Having seen what I've seen という形になっています
が、文頭の having は分詞構文になっています。
　ちなみにこの表現は、『ハムレット』の三幕一場で
のオフィーリアのセリフ To have seen what I have seen
（昔のことを見た目で今のありようを見ようとは）という
文を連想させます。Having seen what I've seen に、主
節の主語と接続詞を補うと As I have seen what I've seen

となります。この文を直訳すると「私が見てきたこと
を私が見てきた」という意味ですがこれでは内容が不
十分なので文脈とあわせて考えてみましょう。

　まず、what I've seen が「自分の目で見てきたもの」
もしくは「自分が経験してきたこと」という意味にな
りますね。動詞の see は「見る」以外にも「〜を経験
する」、「〜を考える」、「〜を理解する」というように
多くの意味がありますので、文脈にあわせて考えてい
かなければなりません。having seen は「〜を考える」
という意味でとらえておくとよいでしょう。つまり文
脈から「自分の目で見たり経験してきたジェンダー不
平等を考える」ということを表しているといえます。

　残りの部分も考えてみます。and given the chance, I
feel it is my duty to say something. の given the chance も
分詞構文で As I was given the chance（機会が与えられた
ので）と考えます。そして、I feel it is my responsibility
to say something は「ここで何かを言うことが私の義務
であると感じている」という意味ですね。

⑦「悪の力が勝つために必要なのは、善良な男女が何
もしないことだけである」

　All that is needed for the forces of evil to triumph is for
good men and women to do nothing の主語は All で動詞
は is for good の is です。that is needed for the forces of
evil to triumph の that は関係代名詞で all を説明してい

ます。

　all が関係代名詞の先行詞として使われているものとして、All you have to do is to study hard.（あなたがしなければいけないことは、一生懸命勉強することです）のような表現があります。〈All（that）S＋V is（to）do〜〉で「S が V なのは〜だけ」という意味になります。ここでは、All that is needed とあるように、関係代名詞の that 以下が受け身形になっていますので that は省略することはできません。「必要とされているもの全て」ということは「必要なものは〜だけである」という意味になります。たとえば、「必要とされているものの全てはあなたである」という場合は「あなたしかいらない」「必要なのはあなただけである」という意味として理解できます。

　次の for the forces of evil to triumph ですが〈to 不定詞〉の前に〈for〜〉があることに注意しておきましょう。この〈for〜〉が副詞的用法の〈to 不定詞〉の意味上の主語になります。ですので、「悪の力が勝つために」という意味になります。そして、for good men and women to do nothing は、「善良な男女が何もしないこと」という意味になります。

⑧「私でなかったら、誰が？　今でなければ、いつ？」

　If not me は「もし、私ではなかったとしたら」とい

う意味で、次の who? は「誰が？」という疑問詞です。この形式は「誰が私のプリンを食べたの？」「たけし君です」という疑問文の受け答えとは異なり、「私以外にいない」ということを伝えている文です。そして、if not now, when? も同様に when が特定の時間を聞く疑問文ではなく、「今でなかったら、いつやるの？　今しかできないでしょ」という意味で疑問詞の when が使われています。こうした疑問文のことを「修辞疑問文」と言います。たとえば、Who knows? という疑問文は「誰が知っていますか？」という意味になる場合もありますが、「知っている人はいるのだろうか。誰も知らない」という意味で使われることがあります。

⑨**逆説的、否定的な事実を導入するためです。**〈the reality is that S＋V〉や〈the fact is that S＋V〉は文字通り「現実は S＋V である」「S＋V が現実である」や「事実は S＋V である」「S＋V が事実である」という意味があります。このとき、that S＋V に否定的な内容が来ることが多くあります。ここでは、「ジェンダー平等についての活動を今やらなきゃいけない」という状況ですが、次の⑩で確認しますが、現実は、何もしなければ大変なことになるということを述べています。この「何もしなければ大変なことになる」という否定的な事実を導入するために、〈the reality is that S＋

V〉という表現が使われているのです。

⑩**時間を表す文で用いられる主語の it です**。〈It takes (is) 時間 before S＋V〉は「S＋V するまで（ため）には［時間・期間］がかかる」という表現です。後ろに to be nearly a hundred や to be paid という to 不定詞がありますが、この it を「形式主語」と考えることはできません。to be nearly a hundred は挿入句の一部であり、to be paid は expect to be paid というカタマリの一部だからです。ここでは、「男性と女性が同じ額だけの給料をもらえるようになるには 75 年、私だったら 100 歳近くになってしまう」という意味になります。次の文では、この先 16 年で 1550 万人の女の子たちがこどものうちに結婚するという事実が提示されます。

⑪**「このままの状況が続けば、アフリカの農村部の全ての女子が中等教育を受けられるようになるには 2086 年までかかってしまうのです」**

at current rate は「現在の割合で」、「このままの状況（ペース）が続けば」という意味になります。

it won't be until 2080 before all rural African girls have a secondary education の文を考えてみます。〈It is not until 〜 that S＋V〉（「〜になってはじめて S＋V する」）という強調構文と混同しないようにしましょう。この文

は⑩で取り上げた〈It is［takes］時間 before S + V〉の形がもとになっています。今回の文は「時間」のところに not until 2086 がきています。not until A は「Aまでない」すなわち「Aになってはじめて」という意味ですので、この文は「2086 年になってはじめて、アフリカの農村部の全ての女子が中等教育を受けられる」となります。もう少しわかりやすく言い換えると、「アフリカの農村部の全ての女子が中等教育を受けられるようになるには 2086 年までかかってしまう」ということです。ちなみに、未来のことについて言及している文ですが、時を表す副詞節である before 節内では原則として現在形が用いられます。

⑫「**あなたが無意識のフェミニストになっていたら、私はあなたに拍手を送ります**」

ここでは for this が文頭に置かれています。動詞の applaud は〈applaud 人・行為 for〜〉で「人・行為を〜のことで賞賛する、褒める」という形で使うことがあります。この for〜の部分が前に来ているのが本文ですが、もとは I applaud you for this. という形です。ではこの this はどのような意味でしょうか？　この前の文では「平等というものをあなたが信じているなら、先ほど私が申し上げた、無意識のフェミニストの一人かもしれません」とあります。これを this が受けていて、「無意識のフェミニストになっていたなら、

私はあなたのことを賞賛します」という意味になるのです。

⑬代名詞の we は「私たち」と訳して終わりではありません。「(話し手と聞き手を含む) 私たち」と、「(聞き手を除いた) 私たち」の用法があります。We're leaving. What about you?（私たちは出発するが、君たちはどうするのか？）というように、「自分たちのグループ」を明確に示すことができます。この「仲間意識」が we にあると考えます。たとえば、「同じ考えをする集団」も we と言うことができます。「(話し手と聞き手を含む) 私たち」にも「仲間意識」が感じられます。

　ここでは、**ジェンダー平等について彼女と問題意識を共有している人たちのことを we と言っています。**まだ、聞き手は含まれていません。エマさんたちのグループが自分たち自身をひとつにまとめる言葉を見つけようと奮闘している最中なのです。そして、よい知らせとしてこの運動をひとつにまとめる活動すなわち HeForShe があるということをここでは述べています。

⑭**「私はみなさんに一歩前に踏み出してもらいたいのです」**

　この文の invite を「招待します」と訳してしまうと、なんとなくおかしい感じがします。つまり、招待

するなら「パーティに」とか「結婚式に」などが後ろに来なければなりません。ですが、ここでは〈invite 人 to do〉の形で「人に〜するように依頼する、勧める」という意味になります。

　ちょっと意味が通じないな、と思ったところで辞書を調べて意味を再度考え直すということをしながら学習を進めてください。そうすれば invite は「招待する」という意味だけではなく、〈invite 人 to do〉で「人に〜するように依頼する、勧める」という意味があるという新しい情報が得られます。

　さて、ここではエマ・ワトソンさんが聴衆に向けて、問題意識を共有する仲間、すなわち we のグループに入ってもらいたいという願いが語られます。それが「一歩踏み出して、その姿を見てもらい、私でなかったら、誰が、今でなかったら、いつ、と自問自答してほしい」ということなのです。行動しなければなにも変わらない、一人一人が声を上げる大切さを最後に語り、スピーチが締めくくられるのです。

[和訳]

　みなさんの中には、このハリー・ポッターの女の子は何様のつもり？　さらに、国連でスピーチをするとは何をしてるのだ？　と思っているかもしれません。とても良い質問です。私もいままでずっと自問自答を繰り返してきました。私がわかっていることといえ

ば、自分がこの問題に関心があるということだけです。そして、私はこの状況をよくしたいのです。これまで自分の目で見てきたものを考えてきたこともあり、こうして機会が与えられたので、何か発言をすることが私の責任だと感じています。政治家のエドマンド・バークは「悪の力が勝つために必要なのは、善良な男女が何もしないことだけである」と言いました。

　このスピーチを行うにあたり、緊張していたとき、（自分でいいのかという）疑念が生じていたときに、「私でなかったら、誰が？　今ではなかったら、いつ？」と強く言い聞かせてきました。もし、皆さんが何らかの機会が与えられた時に、私と同じような不安に陥ったなら、これらの言葉が少しでもお役にたてればと思っています。というのも、もし私たちが何もしなければ、女性と男性が同じ仕事量で同じ賃金を得られるようになるには75年かかるでしょうし、私はそのころには100歳ぐらいになってしまうという現実があります。この先16年の間で、1550万人の女の子たちが子供のうちに結婚をします。そして、このままの状況が続けば、アフリカ農村部の女の子たち全員が中等教育を受けられるようになるには2086年になってしまうのです。

　もし、あなたがたが平等というものを信じているのなら、皆さんも先ほど私が申し上げた無意識のフェミニストの一人かもしれません。それに拍手を送りたい

です。私たちは自分たちをまとめるための言葉を見つけようと奮闘している最中ですが、うれしいことに、まとまるための活動があるのです。それが、HeFor-She と呼ばれるものなのです。私は皆さんに一歩踏み出して、その姿を見てもらい、「私でなかったら、誰が？　今でなかったら、いつ？」と自問自答してほしいのです。

　ほんとうに、ほんとうにありがとうございます。

おわりに

　私は大学の教員になる以前——いまから 20 年ほど前のことです——大学院生の頃から中学や高校の教壇に立ち、そのときどきに英語の勉強について質問を受けてきました。中学生からは、当時『ハリー・ポッター』の映画が流行っていたので、「エマ・ワトソンさんに手紙を書きたいけど、どうすれば英語が書けるようになるの？」とか「イギリスに行きたいのでもっと英語ができるようになるにはどうすればいいの？」といった質問が、高校生からは「どうすれば英文を速く読めますか？」や「英検 2 級の対策は何をすればいいのですか？」といった学習に関する質問が多かったことを覚えています。

　それに対して、表現は中学生と高校生で変えていましたが、いつも「基礎・基本を丁寧に学習することだけを考えなさい」と答えていました。すると決まって彼らは「それなら、どうすればいいのですか？」と聞き返してくるので、個々の実力に応じて、これまでの学習方法を見直し、これからどうすればよいのかについて一緒に考えていきました。

　本書では、この当時から彼らに伝えていたことをより詳しく、丁寧に、さらに学術的な研究成果を踏まえ

て学習法を一つひとつ説明しました。ひょっとすると「そんなの知っている」「あたりまえのことだ」と思った方もいると思います。その通りで、**学習とは「ふつうのことをふつうに」「あたりまえのことをあたりまえのように」やるだけなのです**。でも、「あたりまえのことをあたりまえのようにやっていたか？」と問われれば、答えに窮する人もいるでしょう。

　英語を学習していて壁にぶつかってしまう人の中には、自分の実力とだいぶかけ離れた「背伸び」をして勉強をしている人がいます。すると勉強していることが難しく、理解できないので挫折をしてしまい、やがて勉強そのものが嫌になってしまいます。一気に高い壁を越えることなんて誰にもできません。壁を越えるには、壁の前に石段を積み上げて階段を作って一段ずつ登っていかなければなりません。この階段を作り、登っていく作業こそが地道な学習なのです。

　壁は次々に新しくやってきますので、常に石段を積み上げていくことになります。ですので、本書で繰り返し述べてきたように、みなさんにはまず「基礎・基本」の学習を徹底して土台をしっかり作っていくイメージを持って学習をしてほしいと願っています。

　大変だと思うかもしれませんが、実はそんなに難しいことではありません。それは、**毎日の学校の勉強をおろそかにしなければ達成できることなのです**。授業で使っている教科書に書かれたことをすべて理解し、

頭に入っている状態になっていれば、相当な英語力は身についているはずです。英語を使う基本的な力は問題ないはずですし、自分の力に応じた参考書で勉強ができるようになります。この本では学校の教科書を最大限に活用する学習法についても説明をしてきました。どこかひとつでも皆さんの学習のヒントになればと願っています。

そしてこの本の後半では、エマ・ワトソンさんが国連で行ったスピーチを素材に英語を学習できるようにしました。本書の前半で説明した学習法の実践編という位置づけです。

スピーチの原稿を読み、1文1文丁寧に理解をして、自分が演台に立ち、聴衆を前にするつもりになって音読をしてみてください。ここで説明している文法項目の多くは、高校2年生ぐらいまでで学ぶ知識を応用すれば理解できるようなものになっています。ですがもし、みなさんにとって難しいと感じるところがあれば、解説はとばして、英文と和訳を読んで内容を理解する程度に留めておきましょう。もちろん、学校の先生に質問をしてもよいでしょう。

英文法の解説を書くにあたり、大阪星光学院中学校・高等学校の石原健志先生に記述内容や難易度についてチェックをしていただき、有益なコメントを頂きました。この場を借りて御礼申し上げます。また、うまく原稿をまとめることができない私に対して、的確

な助言をいただき、こうして形にするところまで根気よくサポートしてくださったちくまプリマー新書編集部の方便凌さんには感謝してもしきれないぐらいです。また、英語の授業で出会った教え子のみなさんに感謝します。みなさんがいなければこの本のアイディアは生まれませんでした。ほんとうにありがとう。最後に、本書を手にとっていただき、そして最後の最後まで読んでくださった読者の皆様、ありがとうございます。少しでもみなさんの英語学習に貢献できればと願っております。

2021 年 10 月

倉林秀男

ちくまプリマー新書

259

楽しく習得! 英語多読法　　クリストファー・ベルトン
渡辺順子訳

英語学習は楽しく多読が一番! 本の選び方や読み方の基本から英語の文化、ジャンル別小説の読み方とおすすめ本までを知って、英語力を身につけよう!

348

英語バカのすすめ
――私はこうして英語を学んだ
横山雅彦

本気で英語力を身につけたいのなら、全身全霊を傾け、「英語バカ」になることだ。自称「英語バカ」の著者の学びの足跡を追い「学ぶ方法」と「学ぶ意味」を考える。

357

10代と語る英語教育
――民間試験導入延期までの道のり
鳥飼玖美子

署名活動への参加や国会前でのデモなど、英語民間試験導入延期に大きな役割を担った三人に取材し、大学入試改革とは何か、英語教育はどうあるべきかを説き明かす。

301

翻訳ってなんだろう?
――あの名作を訳してみる
鴻巣友季子

翻訳とは、一言一句を見つめて「深い読書」をすることだ! 誰もが知っているあの名作を紙上で翻訳しながら読み解く、まったく新しい「翻訳読書」のススメ!

369

高校生からの韓国語入門
稲川右樹

ハングル、発音、文法、単語、豆知識……Twitterでも人気の「ゆうき」先生がイラストをまじえてわかりやすく解説。始めるなら、まずはこの1冊から!

ちくまプリマー新書

217
打倒！　センター試験の現代文
石原千秋
すべての受験生におくる、石原流・読解テクニックの集大成。3年分の過去問演習に臨み、まぎらわしい選択肢を見極める力をつけよう。この一冊で対策は万全！

027
世にも美しい日本語入門
安野光雅
藤原正彦
七五調のリズムから高度なユーモアまで、古典と呼ばれる文学作品には、美しく豊かな日本語があふれている。若い頃から名文に親しむ事の大切さを、熱く語り合う。

191
ことばの発達の謎を解く
今井むつみ
単語も文法も知らない赤ちゃんが、なぜ母語を使いこなせるようになるのか。発達心理学、認知科学の視点から、思考の道具であることばを獲得するプロセスを描く。

273
人はなぜ物語を求めるのか
千野帽子
人は人生に起こる様々なことに意味付けし物語として認識することなしには生きられません。それはどうしてなのか？　その仕組みは何だろうか？

326
物語は人生を救うのか
千野帽子
世界を解釈し理解するためにストーリーがあった方が、人は幸福だったり、生きやすかったりします。私たちの周りに溢れているストーリーとは何？

ちくまプリマー新書

332 宇宙はなぜ哲学の問題になるのか　　伊藤邦武

「宇宙に果てはあるか」「広大な宇宙の片隅の私達は何者か」。プラトンもカントもウィトゲンシュタインも、哲学的思考の出発点は宇宙だった。謎の極限への大冒険。

374 「自分らしさ」と日本語　　中村桃子

なぜ小中学生女子は「わたし」ではなく「うち」と言うのか？ 社会言語学の知見から、ことばと社会とわたしたちの一筋縄ではいかない関係をひもとく。

001 ちゃんと話すための敬語の本　　橋本治

敬語ってむずかしいよね。でも、その歴史や成り立ちがわかれば、いつのまにか大人の言葉が身についていく。これさえ読めば、もう敬語なんかこわくない！

384 ファッションの仕事で世界を変える
　　──エシカル・ビジネスによる社会貢献　　白木夏子

地球を蝕む社会問題への取組みと、キラキラ輝く自分の夢の追求と、ビジネスへの挑戦心──すべて一緒に叶えるのがエシカル・ビジネス。その実践への教科書。

385 従順さのどこがいけないのか　　将基面貴巳

「みんな、そうしているよ」「ルールだから、しかたがない」「先生がいってるんだから」この発想がいかに危険なものなのか、政治、思想、歴史から解明します。

ちくまプリマー新書

386
「日本」ってどんな国？
──国際比較データで社会が見えてくる

本田由紀

家族、ジェンダー、学校、友人、経済・仕事、政治・社会運動について世界各国のデータと比較し、日本がどんな国か考えてみよう。今までの「普通」が変わるかも!?

387
はじめての精神医学

村井俊哉

うつ病、統合失調症、認知症、パーソナリティ障害──さまざまな精神疾患の症状や治療法を広く見渡し、さらには「そもそも精神医学とは何か」までを考える。

382
古代文明と星空の謎

渡部潤一

ストーンヘンジは夏至の日の出を示し、ピラミッドは正確に真北を向いている。古代人はどうやって計測したのか。当時の星空をシミュレーションして読み解く！

381
心とからだの倫理学
──エンハンスメントから考える

佐藤岳詩

整形で顔を変えてしまってよいのか。能力や性格を薬によって変えることの是非は？ 変化によってあなたと社会はどうなるの？ 倫理学の観点から論点を提示する。

380
自分をたいせつにする本

服部みれい

からだを温める。深く呼吸する。自分と打ち合わせをする。自分の年表を作る。体や心をたいせつにするワークで、自分の気持ちに気づいてなりたい自分になる。

ちくまプリマー新書 390

バッチリ身につく 英語の学び方

二〇二一年十二月十日　初版第一刷発行

著者　　　　倉林秀男（くらばやし・ひでお）

装幀　　　　クラフト・エヴィング商會

発行者　　　喜入冬子

発行所　　　株式会社筑摩書房
　　　　　　東京都台東区蔵前二−五−三　〒一一一−八七五五
　　　　　　電話番号　〇三−五六八七−二六〇一（代表）

印刷・製本　株式会社精興社

ISBN978-4-480-68414-1 C0282　Printed in Japan
©KURABAYASHI HIDEO 2021